Johann Gustav Droysen

Grundriss der Historik

Johann Gustav Droysen

Grundriss der Historik

ISBN/EAN: 9783743696174

Hergestellt in Europa, USA, Kanada, Australien, Japan

Cover: Foto ©ninafisch / pixelio.de

Weitere Bücher finden Sie auf **www.hansebooks.com**

GRUNDRISS DER HISTORIK

VON

JOH. GUST. DROYSEN

DRITTE, UMGEARBEITETE AUFLAGE

LEIPZIG
VERLAG VON VEIT & COMP.
1882.

Vorwort.

Vorlesungen über historische Encyclopädie und Methodologie, die ich seit 1857 wiederholentlich gehalten habe, veranlassten mich das Schema derselben niederzuschreiben, um den Zuhörern einen Anhalt für den Vortrag zu geben. So wurde der „Grundriss" zuerst 1858, dann wieder 1862 als Manuscript gedruckt. Häufige Nachfragen auch aus der Fremde bestimmten mich, wenn das Heftchen von Neuem gedruckt werden musste, es der Oeffentlichkeit zu übergeben. Abhaltungen und Bedenken mancher Art haben die Herausgabe bis jetzt verzögert; wenigstens zu einem einstweiligen Abschluss schien mir endlich die Arbeit reif zu sein.

Eine Einleitung, die ich dem ersten Abdruck beigefügt hatte, um die Fragen zu bezeichnen, um die es sich handelt, habe ich auch jetzt vorausgeschickt. Es sind ferner ein paar Aufsätze beigelegt, die, wie ich glaube, zur Erläuterung einiger Punkte dienen werden. Der erste: „Die Erhebung der Geschichte zum Rang einer Wissenschaft" ist in Anlass von Buckle's bekanntem Werk geschrieben und in v. Sybel's Zeitschrift 1862 abgedruckt. Der zweite: „Natur und Geschichte" wurde auf Anlass einer Discussion geschrieben, in der alle Vortheile des metaphysischen Standpunktes auf der Seite meines Gegners waren. In einem dritten Aufsatz habe ich unter dem Titel: „Kunst und Methode" nicht viel anders als eine Reihe aphoristischer Bemerkungen zusammengestellt, um die ein wenig in Vergessenheit gerathenen Grenzen zwischen Dilettantismus und Wissenschaft in Erinnerung zu bringen, Bemerkungen, von denen ein Theil bereits in einem akademischen Vortrage (Monatsberichte der Königl. Akad. d. Wiss., 4. Juli 1867) eine Stelle gefunden hat. Ich schwankte, ob ich einen vierten Aufsatz hinzufügen sollte, den ich als Einleitung zum zweiten Theil der Geschichte des Hellenismus 1843 in wenigen Exemplaren hatte drucken lassen, um auf Grund desselben mit wissenschaftlichen Freunden eben diese Frage der Historik zu erörtern, aus der sich mein Standpunkt zwischen der Theologie und der Philologie — den bei der Geschichte des Hellenismus nächst betheiligten Disciplinen —, mir zu rechtfertigen schien: ich habe vorgezogen, diesen Aufsatz noch zurückzulegen, da es den Leser nicht so wie mich interessiren zu können schien, auf welchen Wegen, von welchem Punkt aus ich zu den Ergebnissen gelangt bin, die ihm nun vorliegen.

Der Zweck dieser Veröffentlichung wird erreicht sein, wenn sie dazu dient, zu weiterer Erörterung der Fragen anzuregen, die sie behandelt, der Fragen von der Natur und Aufgabe, von der Methode und der Competenz unserer Wissenschaft.

Berlin, im November 1867.

Vorwort zur dritten Auflage.

In diesem neuen Abdruck des Grundrisses ist in der Disposition Einiges, wie es sich in wiederholten Vorträgen als zweckmässiger erwiesen, geändert. Von den doppelten Ziffern bei mehreren Paragraphen verweiset die in Klammern geschlossene zweite auf die Reihenfolge in den Ausgaben von 1867 und 1875.

Dass der „Grundriss" nicht den Anspruch macht, eine „Philosophie der Geschichte" zu sein, und warum er nicht das Wesen unserer Wissenschaft in dem sucht, was der Naturwissenschaft ihre glänzende Bahn erschlossen hat, legt er selbst dar.

Berlin, 18. Juli 1881.

Joh. Gust. Droysen.

Grundriss der Historik.

Man wird den historischen Studien die Anerkennung nicht versagen, dass auch sie in der lebhaften wissenschaftlichen Bewegung unseres Zeitalters ihre Stelle haben, dass sie thätig sind, Neues zu entdecken, das Alte neu zu durchforschen, das Gefundene in angemessener Weise darzustellen.

Aber wenn man sie nach ihrer wissenschaftlichen Rechtfertigung und ihrem Verhältniss zu anderen Formen menschlicher Erkenntniss, wenn man sie nach der Begründung ihres Verfahrens und dem Zusammenhang ihrer Aufgaben fragt, so sind sie nicht in der Lage, genügende Auskunft zu geben.

Nicht als glaubten sie sich derartiger Fragen principiell nicht bedürftig oder nicht mächtig; es ist der eine und andere Versuch, sie zu lösen, theils innerhalb der Geschichtsstudien selbst gemacht, theils aus anderen Disciplinen herübergenommen worden.

Man hat der Weltgeschichte eine Stelle in der encyklopädischen Philosophie angewiesen. Man hat sie, bedenklich gegen die logischen Nothwendigkeiten, um so zuversichtlicher aus den materiellen Bedingungen, aus den Zahlen der Statistik zu entwickeln empfohlen. Ein Anderer wieder — und er spricht nur theoretisch aus, was Unzählige meinen oder gemeint haben — stellt „die sogenannte Geschichte" überhaupt in Frage: „die Völker existiren ja bloss in abstracto, die Einzelnen sind das Reale, die Weltgeschichte ist eigentlich bloss eine zufällige Configuration und ohne metaphysische Bedeutung." Andrerseits ist der fromme Eifer daran, freilich mehr doketisch als fromm, für den Pragmatismus der menschlichen Dinge immer neue Wunderwirkungen Gottes und seines unerforschlichen Rathschlusses zu substituiren, eine Lehre, die wenigstens den Vorzug hat, „dem Verstande nichts weiter schuldig zu sein."

Innerhalb unserer Studien selbst hat bereits die Göttinger Schule des ausgehenden achtzehnten Jahrhunderts sich mit den allgemeinen Fragen beschäftigt; und sie sind seitdem von Zeit zu Zeit wieder behandelt worden. Man hat zu erweisen unternommen, dass die Geschichte „wesentlich politische Geschichte" sei und dass sich um diesen Kern die vielerlei Elementar-, Hülfs- und andere Wissenschaften unseres Fachs gruppiren. Man hat dann das Wesen der Geschichte in der Methode erkannt und diese als „Kritik der Quellen", als Herstellung der „reinen Thatsache" bezeichnet. Man hat die maassgebende Aufgabe unserer Wissenschaft in der künstlerischen Darstellung und in dem „historischen Kunstwerk" gefunden und feiert wohl als den grössten Historiker unserer Zeit denjenigen, der in seiner Darstellung dem Walter Scott'schen Roman am nächsten stand.

Der historische Sinn ist in der menschlichen Natur zu rege, als dass er nicht früh und, unter glücklichen Verhältnissen, in angemessenen Formen seinen Ausdruck hätte finden sollen; und dieser natürliche Tact ist es, der noch jetzt unseren Studien den Weg weist und die Form giebt. Aber der Anspruch der Wissenschaft dürfte sich damit nicht befriedigt erachten. Es liegt ihr ob, sich über ihre Ziele, ihre Mittel, ihre Grundlagen klar zu werden; nur so kann sie sich zu der Höhe ihrer Aufgabe erheben, nur so, mit Baconischen Ausdrücken zu sprechen, die Anticipationen, die noch ihr Verfahren beherrschen, die idola theatri tribus fori specus überseitigen, für deren Bewahrung nicht minder grosse Interessen thätig sind, als einst für Astrologie und Hexenprocesse, für den Glauben an fromme und unfromme Zauberwirkungen eintraten; — nur so wird sie über ein ungleich weiteres Gebiet menschlicher Interessen, als sie bis jetzt will und kann, ihre Competenz begründen.

Das Bedürfniss, über unsere Wissenschaft und ihre Aufgabe ins Klare zu kommen, wird jeder, der lehrend Jüngere in sie einzuführen hat, eben so wie ich empfunden. Andere werden es in anderer Weise zu befriedigen verstanden haben. Mich drängten zu solchen Untersuchungen namentlich Fragen, an denen man, weil sie in der täglichen Uebung längst gelöst scheinen, vorüberzugehen pflegt.

Das, was heute Politik ist, gehört morgen der Geschichte an; was heut ein Geschäft ist, gilt, wenn es wichtig genug war, nach einem Menschenalter für ein Stück Geschichte. Wie wird aus den Geschäften Geschichte? wo ist das Maass dafür, dass sie Geschichte werden? macht den Kaufcontract, der heut zwischen Privaten abgeschlossen wird, ein Jahrtausend zu einer geschichtlichen Urkunde? Jedermann sagt, dass die Geschichte ein wichtiges Bildungsmittel sei; sie ist ein wichtiger Bestandtheil des heutigen Unterrichts. Aber warum ist sie es? in welcher Form? war sie es den Griechen der Perikleischen Zeit nicht, oder nur in anderer Form? etwa in der der Homerischen Gesänge? und wie können nationale Gedichte den Griechen, dem Hohenstaufischen Deutschland den pädagogischen Werth des geschichtlichen Unterrichts gehabt haben?

Die Beobachtung der Gegenwart lehrt uns, wie jede Thatsache von anderen Gesichtspunkten aus anders aufgefasst, erzählt, in Zusammenhang gestellt wird, wie jede Handlung — im privaten Leben nicht minder als im öffentlichen — die verschiedenartigsten Deutungen erfährt. Der vorsichtig Urtheilende wird Mühe haben, aus der Fülle so verschiedener Angaben ein nur einigermaassen sicheres und festes Bild des Geschehenen, des Gewollten zu gewinnen. Wird das Urtheil nach hundert Jahren aus der schon geminderten Masse von Materialien sicherer zu finden sein? führt die Quellenkritik zu mehr als zu einer Herstellung einstmaliger Auffassungen? führt sie zur „reinen Thatsache?"

Und wenn es so um den „objectiven" Inhalt der Geschichte steht, was wird dann aus der geschichtlichen Wahrheit? giebt es eine Wahrheit ohne Richtigkeit? behalten diejenigen Recht, welche die Geschichte überhaupt als fable convenue bezeichnen?

Ein gewisses natürliches Gefühl und die unzweifelhafte Uebereinstimmung aller Zeiten sagt uns, dass dem nicht so sei, dass in den menschlichen Dingen ein Zusammenhang, eine Wahrheit, eine Macht sei, die, je grösser und geheimnissvoller sie ist, desto mehr den Geist herausfordert, sie kennen zu lernen und zu ergründen.

Sofort schloss sich hier eine zweite Reihe von Fragen an, Fragen über das Verhältniss des Einzelnen zu dieser Macht der Geschichte, über seine Stellung zwischen ihr und den sittlichen Mächten, die ihn erfüllen und tragen, über seine Pflichten und seine höchste Pflicht; Betrachtungen, die weit über den unmittelbaren Bereich unseres Studiums hinausführten und die Gewissheit erzeugen mussten, dass deren Aufgabe nicht anders als in den grossen und grössten Zusammenhängen gefasst zu erörtern sei. Konnte der Versuch gewagt werden, diese Erörterungen von dem

Kreise von Kenntnissen und Erkenntnissen aus zu unternehmen, wie sie dem Geschichtsfreunde aus seinen Studien erwachsen? durften diese Studien wagen, eben so wie die Studien der Natur mit so glänzendem Erfolge gethan, sich auf sich selbst zu stellen? Wenn der Historiker, mit seiner nur historischen Kenntnissnahme von dem, was Philosophie, Theologie, Naturbetrachtung u. s. w. erarbeitet haben, sich in diese schwierigen Probleme einliess, so musste er sich darüber klar sein, dass er nicht speculativ dürfe sein wollen, sondern in seiner empirischen Weise, von der einfachen und sicheren Basis des Gewordenen und Erkannten aus vorzugehen habe.

In den Untersuchungen Wilhelm von Humboldt's fand ich diejenigen Gedanken, die, so schien es mir, den Weg erschlossen; er schien mir ein Bacon für die Geschichtswissenschaften. Von einem philosophischen System Humboldt's mag nicht zu sprechen sein; aber was der antike Ausdruck dem grössten Historiker zuschreibt, ἡ σύνεσις πολιτικὴ καὶ ἡ δύναμις ἑρμηνευτική, besass er in merkwürdiger Harmonie; in seinem Denken und Forschen so wie in der grossartigen Welterfahrung eines thätigen Lebens ergab sich ihm eine Weltanschauung, welche in der starken und durchgebildeten Empfindung des Ethischen ihren Schwerpunkt hat. Den praktischen und den idealen Bildungen des Menschengeschlechts, namentlich den Sprachen nachgehend, erkannte er die „geistig-sinnliche Natur" desselben und die im Geben und Empfangen weiterzeugende Kraft ihres Ausdrucks, — die beiden Momente, in denen die sittliche Welt, in immer neuen Polarisationen immer neue elektrische Strömungen erzeugend, gestaltend sich bewegt und sich bewegend gestaltet.

Von diesen Gedanken aus schien es mir möglich, in die Frage unserer Wissenschaft tiefer einzudringen, ihr Verfahren und ihre Aufgabe zu begründen und aus ihrer erkannten Natur ihre Gestaltung im Grossen und Ganzen zu entwickeln.

Ich habe dies in den folgenden Paragraphen zu thun versucht. Sie sind aus Vorlesungen, die ich über Encyklopädie und Methodologie der Geschichte gehalten, erwachsen. Es kam mir darauf an, in diesem Grundriss die Uebersicht des Ganzen zu geben und das Einzelne nur soweit anzudeuten, als zum Verständniss und für den Zusammenhang nothwendig schien.

Jena im Mai 1858.

Einleitung.

I. Die Geschichte.

§. 1.

Natur und Geschichte sind die weitesten Begriffe, unter denen der menschliche Geist die Welt der Erscheinungen fasst. Und er fasst sie so den Anschauungen Raum und Zeit gemäss, die sich ihm ergeben, wenn er sich die rastlose Bewegung der wechselnden Erscheinungen nach seiner Art zerlegt, um sie zu erfassen.

Nicht objectiv scheiden sich die Erscheinungen nach Raum und Zeit; unsere Auffassung unterscheidet sie so, je nachdem die Erscheinungen sich mehr dem Raum, mehr der Zeit nach zu verhalten scheinen.

Bestimmtheit und Inhalt gewinnen die Begriffe Raum und Zeit in dem Maasse, als das Nebeneinander des Seienden, das Nacheinander des Gewordenen wahrgenommen, erkannt, erforscht wird.

§. 2.

Die rastlose Bewegung in der Welt der Erscheinungen lässt uns die Dinge als in stetem Werden auffassen, mag das Werden der Einen sich periodisch zu wiederholen, das der Anderen sich in der Wiederholung steigernd und summirend rastlos zu wachsen scheinen (ἐπίδοσις εἰς αὑτό, Arist. de anim. II. 5. 7.).

In denjenigen Erscheinungen, in welchen sich uns ein solches Fortschreiten zeigt, gilt uns das Nacheinander, das Moment der Zeit als das Maassgebende. Sie fassen wir auf und zusammen als Geschichte.

§. 3.

Dem menschlichen Auge erscheint nur das Menschliche in stets fortschreitender Steigerung, und diese stets fortschreitende Steigerung als dessen Wesen und Aufgabe.

Die Summirung dieser rastlosen Steigerung ist die sittliche Welt. Nur auf diese findet der Ausdruck Geschichte seine volle Anwendung.

§. 4.

Die Wissenschaft der Geschichte ist das Ergebniss empirischen Wahrnehmens, Erfahrens und Forschens (ἱστορία).

Alle Empirie beruht auf der „specifischen Energie" der Sinnesnerven, durch deren Erregung der Geist nicht „Abbilder", aber Zeichen von den Dingen draussen, die diese Erregung hervorgebracht haben, empfängt. Er entwickelt sich so Systeme von Zeichen, in denen ihm sich die Dinge draussen entsprechend darstellen, — eine Welt von Vorstellungen, in denen er, fort und fort sie in neuen Wahrnehmungen berichtigend, erweiternd, steigernd, die Welt draussen hat, so weit er sie haben kann, sie haben muss, um sie zu fassen und wissend, wollend, formend zu beherrschen.

§. 5.

Alle empirische Forschung regelt sich nach den Gegebenheiten, auf die sie gerichtet ist. Und sie kann sich nur auf solche richten, die ihr unmittelbar zu sinnlicher Wahrnehmbarkeit gegenwärtig sind.

Das Gegebene für die historische Forschung sind nicht die Vergangenheiten, denn diese sind vergangen, sondern das von ihnen in dem Jetzt und Hier noch Unvergangene, mögen es Erinnerungen von dem, was war und geschah, oder Ueberreste des Gewesenen und Geschehenen sein.

§. 6.

Jeder Punkt in dieser Gegenwart ist ein gewordener. Was er war und wie er wurde, ist vergangen; aber seine Vergangenheit ist ideell in ihm.

Aber nur ideell, erloschene Züge, latente Scheine; ungewusst sind sie als wären sie nicht da.

Der forschende Blick, der Blick der Forschung vermag sie zu erwecken, wieder aufleben, in das leere Dunkel der Vergangenheit zurückleuchten zu lassen.

Nicht die Vergangenheiten werden hell — sie sind nicht mehr —, sondern was in dem Jetzt und Hier von ihnen noch unvergangen ist. Diese erweckten Scheine sind uns statt der Vergangenheiten, sind die geistige Gegenwart der Vergangenheiten.

Der endliche Geist hat nur das Jetzt und Hier. Aber diese dürftige Enge seines Seins erweitert er sich vorwärts mit seinem Wollen und seinen Hoffnungen, rückwärts mit der Fülle seiner Erinnerungen. So ideell die Zukunft und die Vergangenheit in sich zusammenschliessend, hat er ein Analogon der Ewigkeit.

Er umleuchtet seine Gegenwart mit dem Schauen und Wissen der Vergangenheiten, die kein Sein und keine Dauer haben ausser in ihm und durch ihn. Die Erinnerung schafft ihm die Formen und die Stoffe seiner eigensten Welt (μνήμην ἁπάντων μουσομήτορ' ἐργάνην, Aeschyl. Prom. 470).

§. 7.

Nur was Menschengeist und Menschenhand gestaltet, geprägt berührt hat, nur die Menschenspur leuchtet uns wieder auf.

Prägend, formend, ordnend, in jeder Aeusserung giebt der Mensch einen Ausdruck seines individuellen Wesens, seines Ich. Was von solchen Ausdrücken und Abdrücken uns noch irgendwie, irgendwo vorhanden ist, spricht zu uns, ist uns verständlich.

II. Die historische Methode.

§. 8.

Die Methode der historischen Forschung ist bestimmt durch den morphologischen Charakter ihres Materials.

Das Wesen der historischen Methode ist forschend zu verstehen.

§. 9.

Die Möglichkeit des Verstehens besteht in der uns congenialen Art der Aeusserungen, die als historisches Material vorliegen.

Sie ist dadurch bedingt, dass die sinnlich geistige Natur des Menschen jeden inneren Vorgang zu sinnlicher Wahrnehmbarkeit äussert, in jeder Aeusserung innere Vorgänge spiegelt. Wahrgenommen erregt die Aeusserung, sich in das Innere des Wahrnehmenden projicirend, den gleichen inneren Vorgang. Den Schrei der Angst vernehmend, empfinden wir die Angst des Schreienden u. s. w.

Das Thier, die Pflanze, die Dinge der unorganischen Welt verstehen wir nur zum Theil, nur in gewisser Weise, nach gewissen Beziehungen, solchen, in denen sie uns Kategorien unseres Denkens zu entsprechen scheinen. Sie haben uns kein individuelles, wenigstens kein persönliches Sein. Indem wir sie nur nach jenen Beziehungen verstehen und fassen, sind wir unbedenklich, sie in ihrem individuellen Sein zu negiren, sie zu zerlegen, zu zerstören, sie zu brauchen und zu verbrauchen.

Den Menschen, menschlichen Aeusserungen und Gestaltungen gegenüber sind wir und fühlen wir uns in wesentlicher Gleichartigkeit und Gegenseitigkeit, — jedes Ich geschlossen in sich, jedes jedem anderen in seinen Aeusserungen sich erschliessend.

§. 10.

Die einzelne Aeusserung wird verstanden als Eine Aeusserung des Innern im Rückschluss auf dies Innere; dies Innere wird verstanden in dem Beispiel dieser Aeusserung, als eine centrale Kraft, die, in sich eins und gleich, wie in jeder ihrer peripherischen Wirkungen und Aeusserungen, so in dieser sich darstellt.

Das Einzelne wird verstanden in dem Ganzen, und das Ganze aus dem Einzelnen.

Der Verstehende, weil er ein Ich, eine Totalität in sich is' wie der, den er zu verstehen hat, ergänzt sich dessen Totalität aus der einzelnen Aeusserung und die einzelne Aeusserung aus dessen Totalität.

Das Verstehen ist ebenso synthetisch wie analytisch, ebenso Induction wie Deduction.

§. 11.

Von dem logischen Mechanismus des Verstehens unterscheidet sich der Act des Verständnisses. Dieser erfolgt unter den dargelegten Bedingungen als unmittelbare Intuition, als tauche sich Seele in Seele, schöpferisch wie das Empfängniss in der Begattung.

§. 12.

Der Mensch wird, was er seiner Anlage nach ist, Totalität in sich, erst in dem Verstehen Anderer, in dem Verstandenwerden von Anderen, in den sittlichen Gemeinsamkeiten (Familie, Volk, Staat, Religion u. s. w.).

Der Einzelne wird nur relativ Totalität; verstehend und verstanden ist er nur wie ein Beispiel und Ausdruck der Gemeinsamkeiten, deren Glied er ist und an deren Wesen und Werden er Theil hat, — er selbst nur wie Ein Ausdruck dieses Wesens und Werdens.

Die Gesammtheit der Zeiten, Völker, Staaten, Religionen u. s. w. ist nur wie Ein Ausdruck der absoluten Totalität, die wir ahnen und glauben, die sich uns ergiebt aus dem cogito ergo sum, der Gewissheit unseres Ichseins, der uns gewissesten Thatsache.

§. 13.

Die falsche Alternative der materialistischen und idealistischen Weltanschauung versöhnt sich in der historischen, der Anschauung, auf die uns die sittliche Welt führt; denn das Wesen der sittlichen Welt ist, dass sich in ihr in jedem Augenblick jener Gegensatz versöhnt, um sich zu erneuern, sich erneut, um sich zu versöhnen.

§. 14.

Nach den Objecten und nach der Natur des menschlichen Denkens sind die drei möglichen wissenschaftlichen Methoden: die (philosophisch oder theologisch) speculative, die physikalische, die historische.

Ihr Wesen ist: zu erkennen, zu erklären, zu verstehen.

Daher der alte Kanon der Wissenschaften: Logik, Physik, Ethik; — nicht drei Wege zu einem Ziel, sondern die drei Seiten eines Prisma, wenn das menschliche Auge das ewige Licht, dessen Glanz es nicht zu ertragen vermöchte, im Farbenwiederschein ahnen will.

§. 15.

Die sittliche Welt, rastlos von vielen Zwecken und schliesslich, so ahnen und glauben wir, von dem Zweck der Zwecke bewegt. ist eine rastlos werdende und sich in sich steigernde (ad ora ad ora come l'uom s'eterna, Dante: Inf. XV. 84).

In dem Nacheinander dieser ihrer Bewegungen betrachtet, ist sie uns die Geschichte. Mit jedem Schritt weiter in diesem Werden und Wachsen erweitert und vertieft das Verständniss der Geschichte, d. h. ihr Verstandenwerden und ihr Verstehen; das Wissen von ihr ist sie selbst; sie hat rastlos weiter arbeitend ihre Forschungen zu vertiefen, ihren Gesichtskreis zu erweitern.

Die geschichtlichen Dinge haben ihre Wahrheit in den sittlichen Mächten (wie die natürlichen in den mechanischen, physikalischen, chemischen u. s. w. „Gesetzen"); sie sind deren jeweilige Verwirklichung.

Historisch Denken heisst in diesen Wirklichkeiten ihre Wahrheit sehen.

III. Die Aufgabe der Historik.

§. 16.

Die Historik ist nicht eine Encyklopädie der historischen Wissenschaften, nicht eine Philosophie (oder Theologie) der Geschichte, noch eine Physik der geschichtlichen Welt, am wenigsten eine Poetik für die Geschichtschreibung.

Sie muss sich die Aufgabe stellen, ein Organon des historischen Denkens und Forschens zu sein.

§. 17.

Die Geschichte dieser Aufgabe von Thukydides und Polybios bis Jean Bodin und Lessing.

Der Kern der Frage in W. v. Humboldt's Einleitung zur „Kawisprache".

Die Historik von Gervinus. Comte's „Philosophie positive". Schäffle's „Bau und Leben des socialen Körpers" u. s. w.

§. 18.

Die Historik umfasst die Methodik des historischen Forschens, die Systematik des historisch Erforschbaren, die Topik der Darlegungen des historisch Erforschten.

Die Methodik.

§. 19.

Die historische Forschung setzt die Reflexion voraus, dass auch der Inhalt unseres Ich ein vermittelter, gewordener, ein historisches Resultat ist (§. 12). Die erkannte Thatsache der Vermittelung ist die Erinnerung (ἀνάμνησις).

Unser Wissen ist zunächst Empfangenes, Ueberkommenes, — unser, als wäre es nicht unser. Es ist ein weiter Schritt bis zu dem sich frei Fühlen und frei Schalten mit diesem Wissen.

Aus der Totalität dessen, was wir so haben, aus unserer Empfindung dieses unseres Inhaltes und unserer Selbstempfindung in ihm erzeugt sich uns (§. 10) eine neue Vorstellung des Ganzen, eines Theiles, eines einzelnen Momentes.

Sie entsteht uns unwillkürlich, sie ist wie factisch da. Aber ist es so, wie sie es uns zeigt? Ihrer gewiss zu sein, müssen wir uns darauf besinnen, wie sie uns entstand; wir müssen ihre Vermittelung erforschen; wir müssen sie prüfen, klären, erweisen.

I. Die Heuristik.

§. 20.

Der Ausgangspunkt des Forschens ist die historische Frage (§. 19).

Die Heuristik schafft uns die Materialien zur historischen Arbeit herbei; sie ist die Bergmannskunst, zu finden und ans Licht zu holen, „die Arbeit unter der Erde" (Niebuhr).

§. 21.

Historisches Material ist theils, was aus jenen Gegenwarten, deren Verständniss wir suchen, noch unmittelbar vorhanden ist (Ueberreste), theils was von derselben in die Vorstellungen der Menschen übergegangen und zum Zweck der Erinnerung überliefert ist (Quellen), theils Dinge, in denen sich beide Formen verbinden (Denkmäler).

§. 22.

In der Fülle der Ueberreste kann man unterscheiden:
a) Werke menschlicher Formgebung (künstlerische, technische u. s. w., Wege, Feldfluren u. s. w.);
b) Zustände sittlicher Gemeinsamkeiten (Sitten und Gebräuche, Gesetze, staatliche, kirchliche Ordnungen u. s. w.);
c) Darlegung von Gedanken, Erkenntnissen, geistigen Vorgängen aller Art (Philosopheme, Literaturen, Mythologeme u. s. w., auch Geschichtswerke als Producte ihrer Zeit);
d) Geschäftliche Papiere (Correspondenzen, Rechnungen, Archivalien aller Art u. s. w.).

§. 23.

Ueberreste, bei deren Hervorbringung zu anderen Zwecken (des Schmuckes, der praktischen Benutzung u. s. w.) die Absicht der Erinnerung mitwirkte, sind Denkmäler.

So die Urkunden, die den Abschluss eines Geschäftes für die Zukunft bezeugen sollen.

So Kunstwerke aller Art, Inschriften, Medaillen, in gewissem Sinne die Münzen u. s. w.

Endlich jede monumentale Bezeichnung bis zum Grenzstein, bis zu den Titeln, Wappen, Namen herab.

§. 24.

In den Quellen sind die Vergangenheiten, wie menschliches Verständniss sie aufgefasst und sich geformt hat, zum Zwecke der Erinnerung überliefert.

Jede Erinnerung, so lange sie nicht äusserlich (in gebundener Rede, in sacraler Formel, in schriftlicher Fassung u. s. w.) fixirt ist, lebt mit und wandelt sich um mit dem Vorstellungskreise

Derer, die sie pflegen (so die „Tradition" in der römischen Kirche).

Nur quantitativ unterscheidet sich die Zuverlässigkeit mündlicher und schriftlicher Ueberlieferung.

Die Auffassung der Quellen kann entweder überwiegend subjectiv sein oder möglichst sachgemäss (pragmatisch) sein wollen.

Zu der **subjectiven Reihe** gehören theils solche, in denen die Auffassung durch die vorherrschende Phantasie oder Empfindung getrübt ist (Sage, historische Lieder u. s. w.), theils solche, in denen das Sachliche nur als Stoff anderweitiger Contemplationen und Argumentationen dient (Reden im Gericht, Parlament u. s. w., publicistische Schriften u. s. w., die Propheten, Dante, Aristophanes u. s. w.).

In der **pragmatischen Reihe** werden sich theils die mehr referirenden und die mehr combinirenden unterscheiden lassen, theils wird der Zweck der Auffassung auch die Art derselben mitbestimmen; denn die Auffassung ist eine andere, je nachdem sie für die eigene Erinnerung oder für Andere, für Einen oder Wenige oder für Alle, für die Mitwelt oder für die Nachwelt, zur Belehrung, zur Unterhaltung oder zu geschäftlichen Zwecken bestimmt ist.

Die sogenannten **abgeleiteten Quellen** sind Auffassungen von Auffassungen.

§. 25.

Der Werthunterschied der drei Arten von Materialien ergiebt sich aus dem Zweck, zu dem sie dem Forscher dienen sollen.

Die Quellen, auch die vorzüglichsten, geben ihm so zu sagen nur polarisirtes Licht.

Völlig sicher, bis ins Kleine und Kleinste, geht er bei den Ueberresten; je schärfer er sie ergründet, desto ergiebiger werden sie ihm; aber sie sind wie zufällige und zerstreute Fragmente.

Nach der Natur ihrer Materialien entbehrt die historische Empirie der grossen Hülfen, welche die physikalische in der Beobachtung und dem Experiment hat. Dass die Gegenwart der sittlichen Welt Experimente aller Art macht und die eingehendste Beobachtung gestattet, bietet der historischen Forschung den Ersatz, das dunkle x durch Analogien zu erhellen.

§. 26.

Aus der historischen Frage ergiebt sich, welche Ueberreste, Denkmäler, Quellen zu ihrer Beantwortung heranzuziehen sind.

Die Kunst der Heuristik ist, das historische Material zu erweitern und zu ergänzen, und zwar:

    a) durch divinatorisches Suchen und Entdecken;

    b) durch Combination, die, was nicht historisches Material zu sein scheint, durch richtige Einreihung dazu macht (so A. Kirchhoff's Geschichte des griechischen Alphabets);

    c) durch Analogie, welche den unter ähnlichen Bedingungen ähnlichen Verlauf zur Aufklärung verwendet;

    d) durch Hypothese, deren Beweis die Evidenz des Ergebnisses ist (so die Feldfluren der deutschen Dörfer als Ausdruck uralter Gemeindeordnung).

§. 27.

Die Heuristik, wie jede weitere methodische Thätigkeit, setzt die stete Mitthätigkeit der anderen voraus.

Alles historische und sonst einschlägige Wissen — sprachliches wie sachliches — ist für jede derselben Hülfswissenschaft.

II. Die Kritik.

§. 28.

Die Kritik sucht nicht die „eigentliche historische Thatsache": denn jede sogenannte historische Thatsache ist, abgesehen von den Mitteln, Zusammenhängen, Bedingungen, Zwecken, die mit thätig waren, ein Complex von Willensacten, oft Vieler, helfender und hemmender, — Willensacte, die, als solche mit der Gegenwart, der sie angehörten, vergangen, nur noch entweder in den Ueberresten von dem, was damals und damit geformt oder gethan wurde, oder in Auffassungen und Erinnerungen bekundet vorliegen.

§. 29.

Die Aufgabe der Kritik ist, zu bestimmen, in welchem Verhältniss das noch vorliegende Material zu den Willensacten steht, von denen es Zeugniss giebt.

Die Formen der Kritik bestimmen sich nach dem Verhältniss des zu prüfenden Materials zu den Willensacten, von denen es seine Formung erhielt.

§. 30.

a) Es fragt sich, ob das Material wirklich das ist, wofür es gehalten wird oder gehalten werden will. Darauf antwortet die **Kritik der Aechtheit**.

Vollständig ist der Beweis der Unächtheit, wenn die Zeit, der Ursprung, der Zweck der Fälschung nachgewiesen ist; und das Unächte kann, so verificirt, anderweitig ein wichtiges historisches Material werden.

Eine Anwendung der Kritik der Aechtheit für einen bestimmten Bereich von Materialien ist die Diplomatik, die Prüfung der Aechtheit von Urkunden (und anderen Schriftstücken) nach äusseren Kennzeichen, im Gegensatz zu der sog. höheren Kritik.

§. 31.

b) Es fragt sich, ob das Material noch unverändert das ist, was es ursprünglich war und noch sein will, oder welche Veränderungen an demselben zu erkennen und ausser Rechnung zu stellen sind. Darauf antwortet die **Kritik des Früheren und Späteren** (das diakritische Verfahren).

Das Ergebniss dieses Verfahrens ist in der Regel der Nachweis einer sogenannten „Entwickelung" von den ersten Formen zur vorliegenden Gestaltung, in dem sich die zerlegten Theile gegenseitig erläutern und verificiren. (F. Ch. Baur.)

§. 32.

c) Es fragt sich, ob das Material, da es wurde, das gab und geben konnte, wofür es als Beleg gehalten wird oder gehalten werden will, oder ob es gleich, da es wurde, nur theilweise, nur in gewisser Art, nur relativ richtig sein konnte oder wollte. Darauf antwortet die **Kritik des Richtigen**.

Diese Form der Kritik hat an das vorliegende Material die Fragen zu richten:

1) ob das Berichtete nach dem Maass menschlicher Erfahrung an sich möglich ist?

2) ob es unter den angegebenen Bedingungen und Umständen möglich ist?

in beiden Fällen misst die Kritik an den aufgefassten Objecten die Auffassung und ihre Richtigkeit;

3) ob in den Motiven, den Zwecken, den persönlichen Verhältnissen des Berichtenden eine Trübung der Auffassung erkennbar ist?

4) ob in der Unzulänglichkeit der Mittel zum Beobachten und Auffassen (Erhebung) Unrichtigkeit unvermeidlich war?

in diesen beiden Fällen misst die Kritik an dem Verfahren, gleichsam an dem Instrument der Auffassung, diese Auffassung und ihre Richtigkeit.

§. 33.

Die Anwendung der Kritik des Richtigen auf die Quellen ist die Quellenkritik.

Wenn die Quellenkritik so verstanden wird, als sei sie der Nachweis, wie ein Autor den andern benutzt hat, so ist das nur ein gelegentliches Mittel — eins unter anderen — ihre Aufgabe, den Nachweis der Richtigkeit, zu lösen oder vorzubereiten.

Die Quellenkritik unterscheidet:

1) was diese Quelle aufgefasst hat und darstellend reproducirt (Ereignisse, Geschäfte, Urkunden, ältere Quellen u. s. w.);

2) welche allgemeine Färbung sie durch den damals und dort herrschenden Vorstellungskreis erhalten hat (z. B. die dämonologische Färbung im fünfzehnten Jahrhundert, die epigonische Blasirtheit in der alexandrinischen Zeit);

3) welche individuelle Färbung dem Darsteller selbst nach seiner Tendenz, seiner Bildung, seinem Charakter u. s. w. angehört.

§. 34.

Nicht das wüste Durcheinander der gleichzeitigen Meinungen, Nachrichten, Gerüchte ist die erste Quelle; das ist nur der sich täglich wiederholende atmosphärische Process der aufsteigenden und sich niederschlagenden Dünste, aus denen die Quellen werden.

In der Regel beherrscht die erste historische Zusammenfassung die weitere Ueberlieferung.

Im glücklichsten Fall erfolgt sie in der historischen Gegenwart der Ereignisse, die sie behandelt, d. h. bevor die erfolgten

Wirkungen derselben die Auffassung von den wirkenden Thatsachen und Personen verändert haben, oder durch ein neues epochemachendes Ereigniss eine neue Gedankenwelt erzeugt ist.

§. 35.

d) Es fragt sich, ob das Material, wie es vorliegt, noch alle Momente enthält, von denen die Forschung Zeugniss sucht, oder in welchem Maasse es unvollständig ist. Darauf antwortet die kritische Ordnung des verificirten Materials.

Immer oder fast immer liegen nur Einzelnheiten, aus den einstigen Wirklichkeiten, nur einzelne Auffassungen von dem, was war und geschah, noch vor. Jedes historische Material ist lückenhaft und auch die exacteste Forschung nicht fehlerfrei; die Schärfe in der Bezeichnung der Lücken und der möglichen Fehler ist das Maass für die Sicherheit der Forschung.

Die kritische Ordnung hat nicht bloss den Gesichtspunkt der Zeitfolge zu verfolgen (Regesten). Nach je mannigfacheren Gesichtspunkten sie dieselben Materialien zu gruppiren versteht, desto mehr feste Punkte werden die sich kreuzenden Linien ergeben (so die Register in dem Corp. Insc. Lat.).

§. 36.

Das Ergebniss der Kritik ist nicht „die eigentliche historische Thatsache", sondern, dass das Material bereit gemacht ist, eine verhältnissmässig sichere und correcte Auffassung zu ermöglichen.

Die Gewissenhaftigkeit, die über die Resultate der Kritik nicht hinausgehen will, irrt darin, dass sie der Phantasie überlässt, mit ihnen weiter zu arbeiten, statt auch für die weitere Arbeit Regeln zu finden, die ihre Correctheit sichern.

III. Die Interpretation.

§. 37.

Weder die Kritik sucht, noch die Interpretation fordert die Anfänge. In der sittlichen Welt ist nichts unvermittelt.

Die historische Forschung will nicht erklären, d. h. aus dem

Früheren das Spätere, aus Gesetzen die Erscheinungen als nothwendig, als blosse Wirkungen und Entwickelungen ableiten.

Läge die logische Nothwendigkeit des Späteren in dem Früheren, so wäre statt der sittlichen Welt ein Analogon der ewigen Materie und des Stoffwechsels.

Wäre das geschichtliche Leben nur Wiedererzeugung des immer Gleichen, so wäre es ohne Freiheit und Verantwortlichkeit, ohne sittlichen Gehalt, nur organischer Natur.

Das Wesen der Interpretation ist, in den vergangenen Geschehnissen Wirklichkeiten mit der ganzen Fülle von Bedingnissen, die ihre Verwirklichung und Wirklichkeit forderte, zu sehen.

§. 38.

Wie sich im Gehen vereint a) der Mechanismus der schreitenden Glieder, b) die durch die Ebenheit oder Unebenheit, Glätte, Härte u. s. w. des Bodens bedingte Spannung der Muskeln, c) der Wille, welcher den Körper bewegt, d) der Zweck des Wollenden, um dess' Willen er geht, — so nach vier Gesichtspunkten vollzieht sich die Interpretation.

Dass einseitig der eine oder andere hervorgehoben, als wesentlich, als ausschliesslich bestimmend zur Geltung gebracht wird, ist die Quelle vieler theoretischer und praktischer Irrthümer, ist doctrinär (§. 92).

§. 39.

a) Die pragmatische Interpretation fasst den kritischen Thatbestand, d. h. die in der Kritik verificirten und geordneten Reste und Auffassungen des einst wirklichen Sachverlaufes nach dem in der Natur dieses Verlaufes liegenden Causalnexus auf, um den Gang des einst wirklichen Sachverlaufes zu reconstruiren.

Bei reichlichem Material genügt das einfache demonstrative Verfahren.

Bei mangelhaftem Material führt die uns aus ähnlichen Fällen bekannte Natur der Sache zur Analogie, d. h. zu einer Gleichung zwischen dem Bekannten und diesem x.

Die Analogie zwischen zwei x, so weit sie sich gegenseitig ergänzen, wird zum comparativen Verfahren.

Die Voraussetzung eines Zusammenhanges, in dem das fragmentarisch Vorliegende sich als in die Curve dieses Zusammenhanges passend zeigt und so sich durch Evidenz bestätigt, ist die **Hypothese**.

§. 40.

b) Die **Interpretation der Bedingungen** gründet sich darauf, dass die Bedingungen ideell in dem einst wirklichen Sachverhalt, der durch sie möglich wurde und so wurde, enthalten waren und, wie fragmentarisch immer, in den Auffassungen und Ueberresten noch sein werden.

(Wie z. E. die an sich unschöne Stellung des Borghesischen Fechters die Linie des Giebelfeldes, für welches die Statue bestimmt war, erkennen lässt.)

Die **Bedingungen des Raumes** — abgesehen von zahllosen kleinen Verhältnissen — erläutern sich aus der Geographie (des Kriegstheaters, des Schlachtfeldes, der natürlichen Grenzen u. s. w., der Thalbildung Aegyptens, der Marschen an der Nordsee u. s. w.).

Die Bedingungen der **Zeit** zerlegen sich in den gewordenen Zustand, in den die Thatsache eintrat, und in die Gleichzeitigkeiten, die mehr oder minder maassgebend auf dieselbe einwirkten.

Eine dritte Reihe von Bedingungen bilden die **Mittel**, materielle wie moralische, mit denen der Sachverlauf ermöglicht und verwirklicht wurde.

In dem Bereich der materiellen Mittel liegt die Mannigfaltigkeit von Stoffen und Werkzeugen, damit ein unermessliches Feld der **technologischen Interpretation**, die fast noch unberührt ist; — in dem Bereich der moralischen auch die Leidenschaften der Menschen, Stimmungen der Massen, sie beherrschende Vorurtheile oder Ansichten u. s. w.; der Feldherr, der Staatsmann, der Künstler, der auf sie und durch sie wirken will, wird in gleichem Maasse von ihnen bestimmt.

§. 41.

c) Die **psychologische Interpretation** sucht in dem Sachverhalt die Willensacte, die ihn hervorbrachten.

Sie mag den Wollenden und die Energie seines Willens, so weit derselbe in den Zusammenhang dieses Sachverlaufs eingriff, seine intellectuelle Kraft, so weit sie denselben bestimmte, erkennen. Aber weder ging der Wollende ganz in diesem Einen Sachverlauf auf, noch ist das, was wurde, nur durch dessen Willensstärke, dessen Intelligenz geworden; es ist weder der reine, noch der ganze Ausdruck dieser Persönlichkeit.

Die Persönlichkeit als solche hat nicht ihren Werthmesser in der Geschichte, in dem, was sie dort leistet, thut oder leidet. Ihr ist ein eigenster Kreis bewahrt, in dem sie, wie arm oder reich an Gaben, wie bedeutend oder gering an Wirkungen oder Erfolgen sie sei, mit sich und ihrem Gott allein verkehrt, — ein eigenster Kreis, in dem der eigentliche Quell ihres Wollens und Seins ist, in dem sich das vollzieht, was sie vor sich und vor Gott rechtfertigt oder verdammt. Dem Einzelnen ist das Gewisseste, was er hat, die Wahrheit seines Seins, sein Gewissen. In dies Heiligthum dringt der Blick der Forschung nicht.

Wohl versteht der Mensch den Menschen, aber nur peripherisch; er nimmt seine That, seine Rede, seine Miene wahr, aber immer nur diese eine, diesen Moment; beweisen, dass er ihn richtig, dass er ihn ganz verstanden, kann er nicht. Ein Anderes ist, dass der Freund an den Freund glaubt, dass in der Liebe der Eine des Andern wahres Ich als dessen Bild festhält: „so musst du sein, denn so verstehe ich dich". Das ist das Geheimniss aller Erziehung.

Die Dichter — so Shakespeare — entwickeln aus den Charakteren der Personen den Sachverlauf, den sie darstellen; sie dichten zu dem Ereigniss eine psychologische Interpretation desselben. In den Wirklichkeiten aber wirken noch andere Momente, als die Persönlichkeiten.

Die Dinge gehen ihren Gang trotz des guten oder bösen Willens derer, durch welche sie sich vollziehen.

In den sittlichen Mächten ist die Continuität der Geschichte, ihre Arbeit und ihr Fortschreiten (§. 15); in ihnen haben Alle, jeder an seiner Stelle, Theil; durch sie, mittelbar, lebt auch der Geringste und Aermste mit in der Geschichte.

Aber auch der Genialste, Willensstärkste, Mächtigste ist nur ein Moment in dieser Bewegung der sittlichen Mächte, immerhin an seiner Stelle ein besonders bezeichnendes und wirksames. Als solches und nur als solches fasst ihn die historische Forschung, nicht um seiner Person Willen, sondern um seiner Stellung und Arbeit in dieser, jener der sittlichen Mächte, um der Idee Willen, deren Träger er war.

§. 42.

d) **die Interpretation der Ideen** tritt in die Lücke, welche die psychologische lässt.

Denn der Einzelne baut sich seine Welt in dem Maasse, als er an den sittlichen Mächten Theil hat. Und in dem Maasse, als er fleissiger und gedeihlicher an seiner Stelle für die kurze Spanne seines Lebens baut, hat er die Gemeinsamkeiten, in denen er lebte und die in ihm lebten, gefördert, hat er an seinem Theil den sittlichen Mächten gedient, die ihn überdauern.

Ohne sie wäre der Mensch nicht Mensch; aber sie werden, sie wachsen und steigern sich erst in der gemeinsamen Arbeit der Menschen, der Völker, der Zeiten, in der fortschreitenden Geschichte, deren Werden und Wachsen ihre Entfaltung ist.

Das ethische System irgend einer Zeit ist nur die speculative Fassung und Zusammenfassung des bis dahin Entfalteten, nur ein Versuch, es seinem theoretischen Inhalt nach zu summiren und auszusprechen.

Jede Zeit ist ein Complex von Verwirklichungen aller sittlichen Mächte, wie hoch oder niedrig deren Entfaltung, wie eingehüllt noch das Höhere in dem Niederen (Staat in Familienform u. s. w.) sein mag.

§. 43.

In der Mannigfaltigkeit der sittlichen Sphären, in denen das Menschenleben wurzelt und sich bewegt, hat die Forschung die Fragereihe, mit der sie an das vorliegende historische Material herantritt, um es nach seinem ethischen Inhalt zu interpretiren.

Wir werden es in zweierlei Fassung können:

a) entweder wir beobachten in jenen Materialien den Zustand der sittlichen Gestaltungen, wie sie in jener Gegenwart und bis zu ihr hin sich gestaltet haben,

wir gewinnen so den ethischen Horizont, innerhalb dessen Alles stand, was in dieser Zeit, diesem Volk u. s. w. war und geschah, und damit das Maass für jeden einzelnen Vorgang in dieser Zeit, diesem Volk u. s. w.,

b) oder wir suchen und fassen die in jenem Zustand fortschreitenden Momente,

und indem wir sie zu dem, wohin sie geführt, wie sie sich erfüllt haben, in Beziehung setzen, gewinnen wir, was uns die Bewegung in jener Zeit, jenem Volk, das Streben und Ringen der Menschen damals, ihr Siegen und Unterliegen deutet.

§. 44.

In der Bewegung ist bald diese, bald jene der sittlichen Mächte voran, — oft so voran, als handle es sich nur um sie, als komme Alles nur auf sie an, — die entflammten Geister treibend, leitend, beherrschend, als Gedanke dieser Zeit, dieses Volkes, dieses Mannes, den wesentlich weiteren Schritt zu thun.

Der Gedanke (Gedankencomplex), den die Interpretation in einem Sachverlauf aufweiset, ist uns die Wahrheit dieses Sachverlaufes. Dieser Sachverlauf ist uns die Wirklichkeit, die Erscheinungsform dieses Gedankens. In diesem Gedanken verstehen wir dies Geschehene; wir verstehen aus ihm diesen Gedanken.

In den Richtigkeiten des methodisch gewonnenen Thatbestandes hat sich der Gedanke des Sachverlaufes zu bewähren, und der Sachverlauf diesen Gedanken zu rechtfertigen.

Denn wahr ist uns der Gedanke, dem ein Sein entspricht, wahr das Sein, das einem Gedanken entspricht.

Die Systematik.

§. 45 (49).

Das Gebiet der historischen Methode ist der Kosmos der sittlichen Welt.

Die sittliche Welt ist je in ihrer rastlos bewegten Gegenwart ein endloses Durcheinander von Geschäften, Zuständen, Interessen, Conflicten, Leidenschaften u. s. w. Sie kann nach vielerlei Gesichtspunkten, technischen, rechtlichen, religiösen, politischen u. s. w., betrachtet und wissenschaftlich behandelt werden.

Was in ihr täglich geschieht, wird von keinem Verständigen als Geschichte gethan oder gewollt. Erst eine gewisse Art, das Geschehene nachmals zu betrachten, „macht aus Geschäften Geschichte".

Die sittliche Welt nach ihrem Werden und Wachsen, nach dem Nacheinander ihrer Bewegung auffassen, heisst sie geschichtlich auffassen (§ 15).

§. 46 (50).

Das Geheimniss aller Bewegung ist ihr Zweck (τὸ ὅθεν ἡ κίνησις). Indem die geschichtliche Auffassung in der Bewegung der sittlichen Welt deren Fortschreiten beobachtet, deren Richtung erkennt, Zweck auf Zweck sich erfüllen und enthüllen sieht, schliesst sie (§. 12) auf einen Zweck der Zwecke, in dem sich die Bewegung vollendet, in dem das, was diese Menschenwelt bewegt, umtreibt, rastlos weiter eilen macht, Ruhe, Vollendung, ewige Gegenwart ist.

§. 47 (52).

Der Mensch nach seiner „Gottähnlichkeit" hat für seine Spanne Leben im Endlichen unendliches Subject, Totalität in sich, sich selber Maass und Zweck zu sein; aber nicht, wie die Gottheit auch Ursprung seiner selbst, hat er zu werden, was er sein soll.

Erst in den sittlichen Gemeinsamkeiten wird der Mensch; die sittlichen Mächte formen ihn (§. 12). Sie leben in ihm und er lebt in ihnen.

In die schon gewordene sittliche Welt — das erste Kind schon hatte Vater und Mutter — hineingeboren, um bewusst, frei, verantwortlich zu sein, schafft sich der Mensch, jeder an seinem Theil (§. 42), in und aus den sittlichen Gemeinsamkeiten seine kleine Welt, die Bienenzelle seines Ich.

Jede bedingt und getragen durch die ihr nachbarlichen, sie bedingend und tragend; alle zusammen ein rastlos wachsender Bau, getragen und bedingt durch das Sein der kleinen und kleinsten Theile.

§. 48 (53).

In ihren Individuen bauend und formend, im Arbeiten werdend, schafft die Menschheit den Kosmos der sittlichen Welt.

Ihr Werk würde wie ein Gebirge von Infusorienschalen sein ohne das rastlose Wachsen und Werden ihrer sittlichen Gemeinsamkeiten, ohne Geschichte.

Ihre Arbeit würde wie Dünensand unfruchtbar und ein Spiel der Winde sein ohne das Bewusstsein der Continuität, ohne Geschichte.

Ihre Continuität würde eine nur sich wiederholende Kreisbewegung sein ohne die Gewissheit der Zwecke und des höchsten Zweckes, ohne die Theodicee der Geschichte.

§. 49 (54).

Die sittliche Welt ist geschichtlich zu betrachten:
I. nach dem Stoff, an dem sie formt;
II. nach den Formen, in welchen sie sich gestaltet;
III. nach den Arbeitern, durch welche sie sich auferbaut;
IV. nach den Zwecken, die sich in ihrer Bewegung vollziehen.

I. Die geschichtliche Arbeit nach ihren Stoffen.

§. 50 (55).

Der Stoff der geschichtlichen Arbeit ist das natürlich Gegebene und das geschichtlich Gewordene; beides zugleich Bedingung und Mittel, Aufgabe und Schranke für sie.
Die rastlose Steigerung ihrer Stoffe ist das Maass ihrer Steigerung.

§. 51 (56).

a) Die **Natur** erforschend und begreifend, beherrschend und zu menschlichen Zwecken umgestaltend, erhebt sie sie in die sittliche Sphäre und legt über den Erdkreis die aerugo nobilis menschlichen Wollens und Könnens.

(Entdeckungen, Erfindungen u. s. w. Anbau, Feldbau, Bergbau u. s. w. Zähmung, Züchtung der Thiere u. s. w. Veränderung der Länder und Landschaften durch Uebersiedelung von Pflanzen, Thieren u. s. w. Der Kreis der Naturwissenschaften u. s. w.)

§. 52 (57).

b) Den **creatürlichen Menschen** lässt sie „im Schweisse seines Angesichtes", das, was er der Anlage nach ist, erkennend werden und werdend erkennen; sie macht aus dem genus homo den geschichtlichen, d. h. sittlichen Menschen.

(Anthropologie, Ethnographie; die Frage der Racen, der Kreuzungen der Racen; die Verbreitung des Menschengeschlechts u. s. w.)

§. 53 (58).

c) Die **gewordenen menschlichen Gestaltungen**, Ergebnisse geschichtlicher Arbeit (Zustände) werden ihr immer wieder Norm, Antrieb und Mittel zu neuer Arbeit.

(Statistik. Bedürfniss und Verkehr u. s. w. Die sogenannte Culturgeschichte.)

§. 54 (59).

d) Aus den menschlichen Zwecken, der Innigkeit oder Leidenschaft, mit der ihnen gelebt wird, formt sie ihre Triebkräfte, ihre Anreize, ihre Massenwirkungen.

(Nationalgeist, Particularismus, Fanatismus, Rivalitäten u. s. w.)

II. Die geschichtliche Arbeit nach ihren Formen.

§. 55 (60).

Die Formen, in denen die geschichtliche Arbeit sich bewegt, sind die sittlichen Gemeinsamkeiten, deren Typen als sittliche Mächte in Herz und Gewissen der Menschen sind.

Ὁ δὲ μὴ δυνάμενος κοινωνεῖν ἢ μηδὲν δεόμενος δι' αὐτάρκειαν . . . . ἢ θηρίον ἢ θεός ἐστι. Arist. Pol. 1. 1. 12.

In den sittlichen Mächten liegt die erziehende Macht der Geschichte. Und Jeder hat an dem Leben der Geschichte Theil in dem Maasse, als er an ihnen Theil hat (§. 41). Die menschlichen Verhältnisse sind in dem Maasse sittlich, als sie erziehen; und sie erziehen in dem Maasse, als in ihnen das Sittliche mächtig ist.

Jede dieser sittlichen Mächte schafft ihre Sphäre, ihre Welt für sich, beschlossen in sich, mit dem Anspruch an Jeden, auch für sie mit anzutreten und zu arbeiten, auch in ihr seinen sittlichen Werth zu erarbeiten und zu bethätigen.

Der Einzelne ist nicht ein Atom der Menschheit, eines der Moleküle, die, in unendlicher Zahl zusammengelegt, die Menschheit ergäben. Er gehört dieser Familie, diesem Volk, Staat, Glauben u. s. w. an, ist nur als deren lebendiges Glied, „wie die Hand vom Körper getrennt nicht mehr Hand ist".

Die Lehre von den angebornen Menschenrechten überspringt ihre eigenen Prämissen; sie vergisst, dass ohne Pflicht kein Recht ist, dass an jedem Einzelnen tausendfache Verpflichtungen erfüllt sind, bevor er selbst ein Recht zu erwerben vermocht hat.

§. 56 (61).

Die Gemeinsamkeiten sind nach dem Wesen des Menschen entweder aus einem natürlichen oder einem idealen Bedürfniss oder zwischen beiden.

Als sittliche Mächte haben sie sowohl in sich als im Verhältniss zu anderen und zu allen ihr Werden, ihre Geschichte.

§. 57 (62).

A. In den natürlichen Gemeinsamkeiten hat das Natürliche durch ein erstes Wollen, durch Liebe, Treue, Pflicht u. s. w. ersittlicht zu werden.

Dass aus dem natürlichen Bedürfniss eine seelische Gemeinschaft, dass aus dem Triebe ein Wollen und Sollen und ein dauerndes Band wird, unterscheidet den Menschen von der Creatur.

§. 58 (63).

a) Die Familie. Im engsten Raum, in den creatürlichsten Formen die stärksten sittlichen Bindungen, die tiefsten Präformationen. — Die Stufen der Ehe bis zur Monogamie. Die väterliche Gewalt. Der Heerd. Die sogenannte patriarchalische Ordnung. Die Blutrache.

§. 59 (64).

b) Die Nachbarschaft. Die ersten Frictionen im räumlichen Beieinander. Die Gründung der Gemeinde als grosse Familie. Die Aeltesten; die Markgenossenschaft, die Feldflur u. s. w.

§. 60 (65).

c) Der Stamm. Verwandtschaft nicht φύσει, sondern θέσει (πόθῳ τῆς συνόδου, Dikaiarch). Der Stammheros, gentilicia sacra u. s. w. Geschlechter und Clanverfassung (cognationes et propinquitates, Slachten und Klüfte).

§. 61 (66).

d) Das Volk. Naturstaat, Naturreligion u. s. w. Das ethnische Weltalter. Die Starrheit und Beweglichkeit der Volkstypen. Die sogenannte Völkerpsychologie. Die „Demologie". Das Princip der Nationalität.

§. 62 (67).

B. In den idealen Gemeinsamkeiten hat das Geistige Ausdruck gewinnend in die Wirklichkeiten zu treten, um so Anderen wahrnehmbar und verständlich, ein Band zwischen den Geistern, ein gemeinsamer Schatz zu werden.

§. 63 (68).

a) Das Sprechen und die Sprachen. Alles Denken ist Sprechen, sich in den gewordenen Formen bewegend, auch wenn es sie weiter führt. Die lautliche Mimesis ist nicht bloss Nachahmung des Schalles, sondern Umsetzung der Wahrnehmungen in lautlichen Ausdruck. — Das Nacheinander der sprachlichen Entwickelung in Formenfülle, syntaktischer Complicirung, lexikalischer Specialisirung. Also mit Nichten „hört das Leben der Sprache auf, wo das Leben der Geschichte anfängt" (Schleicher). Laut und Schrift. Die Denkverschiedenheit der Sprachen mit phonetischer und Bilderschrift (ophthalmische Sprachen).

§. 64 (69).

b) Das Schöne und die Künste. Die künstlerische Mimesis, nicht bloss Abformung, Abspiegelung, Wiederklang, sondern Reproduction des Seeleneindrucks bis zur Vertauschung von dem einen zu dem anderen Sinn (die Tänzerin, die den Frühling tanzt). Das Ideal und die Erfreulichkeit des Scheines (Rumohr). Das Technische und das Musische.

§. 65 (70).

c) Das Wahre und die Wissenschaften. Die wissenschaftliche Wahrheit. Die Tragweite der Methoden. Das Wesen der Skepsis, der Doctrin, der Hypothese u. s. w. Nominalismus und Realismus u. s. w.

§. 66 (71).

d) Das Heilige und die Religionen. Jede ein Ausdruck für die Bedürftigkeit und Hilflosigkeit des endlichen Seins und für das Bedürfniss sich in ein unendliches Sein mit beschlossen zu wissen; — ein versuchter Ausdruck für die Ahnung der Gottheit, für die Zuversicht der Heilung und des Heils durch sie, für die Gewissheit des Ewigen, Vollkommenen, Absoluten. — Glauben und Cultus. Religion und Theologie. Die heilige Geschichte in jeder Religion.

§. 67 (72).

C. In den praktischen Gemeinsamkeiten bewegen sich die streitenden und streitigen Interessen, immer zugleich gebunden und getrieben durch die natürlichen Bedürfnisse, immer in dem Drange und mit der Berufung auf ideelle Ziele oder Ergebnisse, wenn auch nur dem eines endlich fertigen Zustandes, einer endlich gesättigten Ruhe.

§. 68 (73).

a) Die Sphäre der Gesellschaft. Die Gesellschaft macht den Anspruch, jedem die Stelle zu bieten, in dem die sittlichen Gemeinsamkeiten sich ihm erfüllen und er sie erfüllt.

Der Unterschied der Classen, des Blutes, der Bildung, des Vermögens. Herkommen und Sitte; die trägen Elemente; die Parteien; die öffentliche Meinung u. s. w. Die sociale Republik.

§. 69 (74).

b) Die Sphäre der Wohlfahrt. Das Güterleben macht den Anspruch, alle Bedingungen und Mittel, deren die sittlichen Gemeinsamkeiten bedürfen, zu umfassen und zu bestimmen.

Erwerb und Concurrenz, Capital und Arbeit, Reichthum und Armuth. Naturalwirthschaft und Geldwirthschaft. Bewegung der Werthe; Entwickelung des Credits. Die Plutokratie und die arbeitenden Classen u. s. w. Der Staat als Communismus.

§. 70 (75).

c) Die Sphäre des Rechts. Das Recht macht den Anspruch, alle Formen, in denen sich die sittlichen Gemeinsamkeiten bewegen, zu regeln und zu begründen.

Bereich der Sphäre des Rechts. „Recht muss doch Recht bleiben"; aber auch nur Recht sein wollen. Die Modalitäten seiner Begründung, seiner Bethätigung, seiner Weiterbildung u. s. w. Der Rechtsstaat.

§. 71 (76).

d) **Die Sphäre der Macht.** Der Staat macht den Anspruch, die Summe, der Gesammtorganismus aller sittlichen Gemeinsamkeiten, ihr gemeinsamer Ort und Hort, und insoweit ihr Zweck zu sein.

Der Staat ist die öffentliche Macht zu Schutz und Trutz im Innern und nach Aussen.

Im Leben des Staates und der Staaten ist die Macht so das Wesentliche, wie im Bereich der Familie die Liebe, im Bereich der Kirche der Glaube, im Bereich der Kunst das Schöne u. s. w. In der politischen Welt gilt das Gesetz der Macht wie in der Körperwelt das der Schwere. „Ein spannelanges Fahrzeug ist gar kein Fahrzeug."

Nur der Staat hat die Befugniss und die Pflicht, Macht zu sein. Wo das Recht, die Wohlfahrt, die Gesellschaft, wo gar die Kirche, das Volk, die Gemeinde an die Stelle der Macht tritt, ist das Wesen des Staates entweder noch nicht gefunden oder in Entartung verloren.

Die Macht ist am höchsten, wenn die vollste Arbeit, Gesundheit und Freiheit aller sittlichen Sphären sie speist. Der Staat verhält sich nicht bloss wie jede andere der sittlichen Sphären zu allen anderen, sondern in seinem Bereich umfasst er sie alle, bewegen sich alle unter seinem Schutz und Recht, unter seiner Obhut und Verantwortlichkeit, zu seinem Heil oder Verderben.

Der Staat ist nicht die Summe der Individuen, die er umfasst, noch entsteht er aus deren Willen, noch ist er um deren Willen da.

Je roher die Form des Staates, desto mehr ist ihm Gewalt statt der Macht, desto ärmer an Freiheit ist er.

Aus dem ethnographischen Chaos krystallisirt sich Staat auf Staat. Ihr gegenseitiges Verhältniss schreitet fort von dem *adversus hostem aeterna auctoritas esto*, zu Vertrag und friedlichem Verkehr, zum Völkerrecht. Bundesstaat, Staatenbund, Staatensystem, Weltstaatensystem sind die immer weiter greifenden Wellenkreise dieser Bewegung.

III. Die geschichtliche Arbeit nach ihren Arbeitern.

§. 72 (77).

Alle Gestaltungen und Wechsel in der sittlichen Welt vollziehen sich durch Willensacte, wie in der organischen Welt sich Alles aus der Zelle bildet.

Auch da durch Willensacte, wo wir sagen: der Staat, das Volk, die Kirche, die Kunst u. s. w. thun das und das.

§. 73 (78).

Jeder Mensch ist sittliches Subject; nur dadurch ist er Mensch. Er hat sich seine sittliche Welt zu bauen (§. 47).

Jeder Einzelne ist uns als gewordene und werdende Persönlichkeit von unendlichem Interesse, wie denn die Poesie (Roman) unersättlich ist, dies Interesse zu verfolgen und zu verwerthen.

Auch die engen und engsten menschlichen Verhältnisse, Bestrebungen, Thätigkeiten u. s. w. haben einen Verlauf, eine Geschichte, sind für die, welche es angeht, geschichtlich (Familien-, Local-, Specialgeschichten).

Aber über den Geschichten ist die Geschichte.

§. 74 (79).

Wie sich diese Ehe, dies Kunstwerk, dieser Staat zu der Idee der Familie, des Schönen, der Macht verhält, so das empirische, ephemere Ich (§. 55) zu dem Ich, in dem der Philosoph denkt, der Künstler schafft, der Richter richtet, der Historiker forscht.

Dies allgemeine, das Ich der Menschheit, ist das Subject der Geschichte. Die Geschichte ist das γνῶθι σαυτόν der Menschheit, ihr Gewissen.

§. 75 (80).

Der Lebenspuls der geschichtlichen Bewegung ist die Freiheit.

Das Wort Freiheit ist zu anderen Zeiten anders verstanden worden; es hat zunächst nur eine negative Bedeutung.

Freiheit heisst, an dem Theilhaben und Mitleben in jeder der sittlichen Sphären nicht gehindert, durch die eine nicht in der anderen gestört, verkürzt, von keiner ausgeschlossen zu sein.

Jede von ihnen fordert Jeden ganz, nicht selten ausschliesslich. In der Collision der Pflichten, in ihrem immer schmerzlichen Verlauf und oft erschütternden Ausgang erliegt die endliche Menschennatur dem Postulat der Freiheit.

§. 76 (81).

Nicht in der falschen Alternative von Freiheit und Nothwendigkeit bewegt sich das Problem des geschichtlichen Lebens.

Das Nothwendige ist der Gegensatz von Willkür, Zufall, Zwecklosigkeit, ist das unbezwingliche Sollen des Guten, das Sittliche.

Das Freisein ist der Gegensatz von Zwang leiden, willenstodt, ichlos sein, ist das unbezwingliche Wollen des Guten, das Sittliche.

Die höchste Freiheit ist: dem höchsten Guten leben, dem Zweck der Zwecke (§. 46), zu dem hin die Bewegung aller Bewegungen, — und ihre Wissenschaft ist die Geschichte — gerichtet ist. Daher „die königliche Vollfreiheit des sittlichen Menschen" (Fichte); daher das Wort der Weihe: perch' io te sopra te corono e mitrio (Dante, Purg. XXVII, 142).

§. 77 (82).

Alle Bewegung in der geschichtlichen Welt vollzieht sich, indem aus den Zuständlichkeiten sich das ideale Gegenbild, der Gedanke, wie sie sein sollten, entwickelt, Charaktere, von demselben erfüllt, sie verwirklichen.

Das Erfülltsein ist Leidenschaft ($\pi\acute{\alpha}\vartheta o\varsigma$), wird handelnd verantwortlich und schuldig, nach dem alten Spruch $\delta\rho\acute{\alpha}\sigma\alpha\nu\tau\iota\ \pi\alpha\vartheta\epsilon\tilde{\iota}\nu$.

§. 78 (83).

Die Gedanken sind die Kritik dessen, was ist, und nicht ist, wie es sein sollte. Indem sie verwirklicht sich zu neuen Zuständen ausbreiten und zu Gewohnheit, Trägheit, Starrheit verdicken, wird von Neuem die Kritik herausgefordert, und so fort und fort.

Die Continuität dieser Gedanken — $\lambda\alpha\mu\pi\acute{\alpha}\delta\alpha\ \check{\epsilon}\chi o\nu\tau\epsilon\varsigma\ \delta\iota\alpha\delta\acute{\omega}\sigma o\upsilon\sigma\iota\nu\ \grave{\alpha}\lambda\lambda\acute{\eta}\lambda o\iota\varsigma$ — ist die Dialektik der Geschichte (Hegels „Philosophie der Geschichte").

§. 79 (84).

Dass aus Zuständen neue Gedanken, aus den Gedanken neue Zustände werden, ist die Arbeit der Menschen.

Die Vielen, nur ihren Interessen und Geschäften, der Gegenwart lebend, den tagtäglichen kleinen Zwecken zugewandt, der Gewohnheit, dem allgemeinen Strome, nächsten Anlässen folgend, arbeiten für die Geschichte ohne Wahl und Willen, unfrei, als Masse. Sie sind die lärmenden Thyrsophoren im Festzuge des Gottes, Βάκχοι δέ γε παῦροι.

In der Bewegung der sittlichen Welt die neuen Gedanken zu ahnen, auszusprechen, zu verwirklichen, ist die **geschichtliche Grösse**, „Namen zu geben der rollenden Zeit".

IV. Die geschichtliche Arbeit nach ihren Zwecken.

§. 80 (85).

Alles Werden und Wachsen ist Bewegung zu einem Zweck, der in der Bewegung sich erfüllend zu sich selbst kommen will (§. 46).

In der sittlichen Welt reiht sich in unendlicher Kette von Ringen Zweck an Zweck.

Jeder dieser Zwecke hat zunächst seinen Weg und sein Werden für sich; aber zugleich ist jeder für die anderen bedingend, durch die anderen bedingt.

Oft genug hemmen, stören, widerstreiten sie einander; oft erscheinen da, dort, zeitweise, theilweise Rückschritte; immer nur, um dann mit desto stärkerem Anlauf, in gesteigerter Spannkraft, an neuer Stelle, in neuer Gestaltung weiter zu arbeiten, jede die anderen treibend, von ihnen getrieben.

§. 81 (86).

Der höchste, der unbedingt bedingende, der alle bewegt, alle umschliesst, alle erklärt, der Zweck der Zwecke (§. 15) ist empirisch nicht zu erforschen.

Aus der Selbstgewissheit unseres Ichseins (§. 12), aus dem Drang unseres sittlichen Sollens und Wollens (§. 76), aus der Sehnsucht nach dem Vollkommenen, Einen, Ewigen, in der unser dürftiges, ephemeres, bruchstückhaftes Sein erst ergänzt fühlt, was ihm fehlt, ergiebt sich uns zu den anderen „Beweisen" vom Dasein Gottes der für uns beweisendste.

Das Böse haftet an dem endlichen Geist, ist der Schatten seiner dem Licht zugewandten Endlichkeit. Es gehört in die Oekonomie der geschichtlichen Bewegung, aber „als das im Process der Dinge verschwindende und zum Untergang bestimmte".

§. 82 (87).

Was den Thieren, den Pflanzen ihr Gattungsbegriff, — denn die Gattung ist, ἵνα τοῦ ἀεὶ καὶ τοῦ θείου μετέχωσιν — das ist den Menschen die Geschichte.

Die Ethik ist die Lehre von den sittlichen Mächten, nicht bloss von dem persönlichen Verhalten zu ihnen und in ihnen.

Ethik und Historik sind gleichsam Coordinaten. Denn die Geschichte giebt die Genesis des „Postulats der praktischen Vernunft", das der „reinen Vernunft" unfindbar blieb.

§. 83 (88).

Die Geschichte ist das Bewusstwerden und Bewusstsein der Menschheit über sich selbst.

Die Epochen der Geschichte sind nicht die Lebensalter dieses Ich der Menschheit, — empirisch wissen wir nicht, ob es altert oder sich verjüngt, nur dass es nicht bleibt, wie es war oder ist. — sondern Stadien seiner Selbsterkenntniss, Welterkenntniss, Gotterkenntniss.

§. 84 (89).

Nach dem Maass dieser durchmessenen Stadien wächst der menschliche Ausdruck für den Zweck der Zwecke, für die Sehnsucht nach ihm, für den Weg zu ihm.

Dass mit jedem Stadium der Ausdruck sich erweitert, steigert, vertieft, das und nur das kann als das Fortschreiten der Menschheit gelten wollen.

§. 85 (90).

Dem endlichen Auge ist Anfang und Ende verhüllt. Aber forschend kann es die Richtung der strömenden Bewegung erkennen. In die enge Schranke des Hier und Jetzt gebannt, erschaut es das Woher, Wohin.

Es sieht, was es sieht, erfüllt von einem Licht, in dem und aus dem Alles ist; und sein Sehen ist ein ferner Wiederschein jenes Lichts.

Es ertrüge dessen Glanz nicht; aber an den durchleuchteten Sphären, die sich ihm erschliessen, den Blick übend und entflammend, ahnt es immer grössere Weiten, immer umfassendere Empyreen.

Ein Kreis in diesen Kreisen ist die Menschenwelt und ihre Geschichte, und das geschichtlich Grosse ist ein Sonnenstäubchen in der Theophanie.

§. 86 (91).

Die Geschichte ist das Wissen der Menschheit von sich, ihre Selbstgewissheit.

Sie ist nicht „das Licht und die Wahrheit", aber ein Suchen danach, eine Predigt darauf, eine Weihe dazu: dem Johannes gleich: οὐκ ἦν τὸ φῶς, ἀλλ' ὅτι μαρτυρήσῃ περὶ τοῦ φωτός.

Die Topik.

§. 87 (44).

Wie Alles, was unseren Geist bewegt, den entsprechenden Ausdruck fordert, in dem er es sich gestalte, so bedarf auch das historisch Erforschte Formen der Darlegung (ἱστορίης ἀπόδειξις, Herod.), damit sich an ihnen die Forschung gleichsam Rechenschaft gebe von dem, was sie gewollt und erreicht hat.

§. 88.

Die Formen der Darlegung bestimmen sich nicht nach der Analogie von Epos, Lyrik, Dramatik (Gervinus), noch nach dem Unterschied der „in Raum und Zeit bestimmten Handlungen menschlicher Freiheit im Staat" (Wachsmuth), noch nach dem zufälligen Allerlei von Chroniken, Denkwürdigkeiten, Bildern aus der Vorzeit, Historien (quibus rebus agendis interfuerit is qui narret, A. Gellius), sondern aus der Doppelnatur des Erforschten.

Denn die Forschung, die von der Gegenwart aus und aus gewissen in ihr vorhandenen Elementen, die sie als historisches Material benutzt, Vorstellungen von Vorgängen und Zuständen der Vergangenheiten zu gewinnen weiss, ist beides zugleich: Bereicherung und Vertiefung der Gegenwart durch Aufklärung ihrer Vergangenheiten, und Aufklärung über die Vergangenheiten durch Erschliessung und Entfaltung dessen, was davon oft latent genug noch in der Gegenwart vorhanden ist.

Immer aber, wie ergiebig auch die Forschung gewesen sein mag, die durch sie gewonnenen Vorstellungen decken sich bei Weitem nicht mit der Fülle von Inhalt, Bewegung, Vielgestaltigkeit, realer Energie, welche die Dinge hatten, als sie Gegenwart waren.

Und immer, welche Form auch für die Darstellung der gewonnenen Ergebnisse der Forschung gewählt werden mag, diese Darstellung wird dem Sein der Dinge, wie es in ihrer Gegenwart und den damals Lebenden und Handelnden erschien, nur zum Theil, in gewisser Weise, nach gewissen Gesichtspunkten entsprechen können und wollen (darin kartographischen Darstellungen analog).

§. 89.

Lange hat sich die historische Darstellung damit begnügt, die in mündlichen und schriftlichen Quellen vorhandenen Auffassungen in mehr oder weniger neuer Auffassung wieder zu erzählen; und die so gewonnene Illusion von überlieferten Thatsachen hat dann dafür gegolten, die Geschichte zu sein (etwa so, als sei die Diadochenzeit nichts als eine Continuität von Kriegen gewesen, weil unsere Quellen fast nur von den Kriegen dieser Zeit sprechen).

Erst seit man auch die Denkmäler und Ueberreste als historisches Material erkannt und methodisch zu benutzen begonnen hat, ist die Erforschung der Vergangenheiten tiefer eingedrungen und sicher begründet. Und mit der Erkenntniss der unermesslichen Lücken unseres historischen Wissens, welche die Forschung noch nicht oder nicht mehr auszufüllen vermag, erschliessen sich ihr immer weitere Weiten der Bereiche, mit denen sie zu thun hat, und ihrer einst lebensvollen Füllung.

Die Darlegung des Erforschten wird in dem Maasse richtiger sein, als sie sich ebenso dessen bewusst ist, was sie nicht weiss, als dessen, was sie weiss (§. 35).

§. 90 (45).

a) Die untersuchende Darstellung braucht die Form der Forschung, um das erforschte Ergebniss darzulegen.

Sie ist nicht ein Referat oder Protocoll von dem Verlauf der wirklichen Untersuchung mit Einschluss ihrer Fehlgriffe, Verirrungen und Erfolglosigkeiten, sondern sie verfährt, als sei das in der Untersuchung endlich Gefundene noch erst zu finden oder zu suchen.

Sie ist eine Mimesis des Suchens oder Findens

    entweder so, dass sie, von einem Ungewissen, einer Frage, einem Dilemma ausgehend, das sichere Ergebniss sucht.

wie der vor dem Gericht Plaidirende verfährt, der den sog. subjectiven Thatbestand aus dem objectiven zu erweisen hat;

    oder so, dass sie, von einer sicheren Gegebenheit aus ihren Indicien und Spuren nachgehend, immer weitere Momente findet, bis endlich das Ganze zusammenhängend und vollständig dasteht,

wie der Untersuchungsrichter verfährt, der aus dem sog. objectiven Thatbestand den subjectiven zu erschliessen hat.

Jene Art ist überzeugender und zwingender, diese anschaulicher und spannender; für beide wesentlich, dass nicht ein gelegentlich herbeigezogener Wust von Ungehörigkeiten mehr die gelehrte Eitelkeit des Autors als die Sache ins Licht setzt.

§. 91 (46).

b) Die erzählende Darstellung stellt das Erforschte als einen Sachverlauf in der Mimesis seines Werdens dar; sie gestaltet aus dem Erforschten ein Bild der Genesis dessen, worauf sich die Forschung gerichtet hat.

Nur scheinbar sprechen hier die „Thatsachen" selbst, allein, ausschliesslich, „objectiv". Sie wären stumm ohne den Erzähler, der sie sprechen lässt.

Nicht die „Objectivität" ist der beste Ruhm des Historikers. Seine Gerechtigkeit ist, dass er zu verstehen sucht.

Die erzählende Darstellung ist in vier Formen möglich:

1) Die pragmatische zeigt, wie ein vorbedachtes oder vom Schicksal vorbestimmtes Ergebniss durch die auf diesen Punkt hin convergirende Bewegung der Dinge wurde, so werden konnte und werden musste.

2) Die monographische zeigt, wie eine historische Gestaltung in ihrem Werden und Wachsen sich selbst erst begründet, vertieft, durchgearbeitet, gleichsam ihren Genius hervorgebracht hat.

3) Die biographische zeigt, wie der Genius einer historischen Gestalt ihr Thun und Leiden von Anfang her bestimmt, in ihr sich dargelegt und bezeugt hat.

4) Die katastrophische zeigt relativ berechtigte Mächte, Richtungen, Interessen, Parteien u. s. w., im Kampf, in dem der höhere Gedanke, als dessen Momente oder Seiten sich die kämpfenden Gegensätze im Ringen aufweisen, sie besiegend und versöhnend sich rechtfertigt und erfüllt. Sie zeigt, wie aus den Titanenkämpfen eine neue Welt und die neuen Götter wurden.

§. 92 (47).

c) Die didaktische Darstellung fasst das Erforschte in dem Gedanken der grossen geschichtlichen Continuität, nach seiner für die Gegenwart lehrhaften Bedeutung.

Lehrhaft ist die Geschichte nicht, weil sie Muster zur Nachahmung oder Regeln für die Wiederanwendung giebt, sondern dadurch, dass man sie im Geiste durchlebt und nachlebt; „c'est un répertoire d'idées qui fournit de la matière que le jugement doit passer au creuset pour l'épurer." (Friedrich der Grosse, Oeuv. IV, p. XVII).

Die durchgemachte geistige Uebung ist Bildung, militärische, juristische, theologische, wenn sie für diese Berufe bestimmt ist, allgemeine Bildung, wenn nicht dies oder jenes Einzelne und Technische, sondern das allgemein Menschliche (humanitas) in uns zu üben und zu entwickeln ihr Zweck ist; denn „eben die Bahn, auf welcher das Menschengeschlecht zu seiner Vollkommenheit gelangt, muss jeder einzelne Mensch durchlaufen haben" (Lessing).

In dem Gedanken der Erziehung des Menschengeschlechtes empfängt die Bildung — abgesehen von der speciellen und technischen — wie ihre Formen, so ihre Stoffe (§. 6) von der Geschichte. Und dass sich die grossen Bewegungen der Geschichte in einem kleinen Kreise typischer Gestaltungen vollziehen, die grössten in einem noch kleineren Kreise, macht die didaktische Verwerthung, wie für die höheren und höchsten, so auch für die elementaren Bedürfnisse möglich.

Giebt es Formen geschichtlicher Darstellung für diesen Zweck? Sind die weltgeschichtlichen Darstellungen von Herder oder Schlözer, von Joh. v. Müller oder Leo oder v. Ranke Muster für diese Art geschichtlicher Auffassung?

Man wird den Werth der Predigt in der evangelischen Kirche nicht nach den gedruckten Predigten bemessen, noch weniger wünschen wollen, dass endlich ein Kanon von Predigten festgestellt werde, der jedem Sonntag eine musterhafte Kanzelrede sichert. Vielmehr es soll jede Predigt ein neues Zeugniss von dem lebendigen evangelischen Geist unserer Kirche sein; und so weit sich die Gemeinde an ihr erbaut, ist sie es.

Die richtige Form der didaktischen Darstellung ist der **historische Unterricht** der Jugend und zwar in der Hand eines Lehrers, der sich möglichst frei und mit selbständiger Forschung in den historischen Bereichen bewegt und sie beherrscht, unterrichtend in immer neuen Fassungen und Wendungen Zeugniss von dem Geiste giebt, der das geschichtliche Leben bewegt und erfüllt.

§. 93 (48).

d) Die **discussive Darstellung** wendet die Fülle des Erforschten, diese Lichter wie in einem Hohlspiegel sammelnd, auf einen bestimmten Punkt der Gegenwart, den sie so beleuchtet, um ihn „klar zu stellen", auf eine Frage, die zu entscheiden, eine Alternative, in der ein Entschluss zu fassen, eine neue Erscheinung, deren Verständniss zu erschliessen ist.

Jedes Neue — nicht bloss Thatsachen der Politik, auch neue Erkenntnisse, neue Leistungen in Kunst und Wissenschaft u. s. w. — hat historische Erläuterung und Vergleichung einzureihen in den Gang der fortschreitenden Bewegung und Arbeit (die wissenschaftliche, ästhetische, publicistische u. s. w. Kritik).

Die in der Discussion geltend zu machenden Momente liegen theils in dem Subject, um das es sich handelt — also, dass diese Nation, diese Macht, diese Kirche u. s. w. in ihren geschichtlichen Antecedentien so oder so bestimmt ist (z. E. jenes: sint ut sunt aut non sint) — theils in den Sachen, die bedingend und bestimmend herantreten, wie denn in jedem momentanen Sachverhalt die ihn weiter bestimmenden Momente nach seinem historischen Zusammenhang zu finden, zu deuten und zu verwenden sind.

Das Wesen der Theorie ist, dass sie dem Resultat der summirten Bildungen und Erarbeitungen die Form und den Anspruch eines normativen Abschlusses, eines Principes giebt. Je weniger sie alle Momente summirt hat, je einseitiger sie das nächstliegende oder zuletzt wirksamste hervorhebt, desto doctrinärer (§. 38) wird sie; um so mehr, da das jedesmal bewegende Moment, das den weiteren Schritt geführt hat, genialer Natur war (§. 43), nur für diesen Fall, unter diesen Umständen, für diesen Zweck da und am Werk.

Jeder Staat hat seine Politik, innere wie äussere. Die Discussion — auch in der Presse, im Staatsrath, im Parlament — ist um so zuverlässiger, je historischer sie ist, um so verderblicher, je mehr sie sich auf Doctrinen, auf idola theatri, fori, specus, tribus gründet.

Die praktische Bedeutung der historischen Studien liegt darin, dass sie — und nur sie — dem Staat, dem Volk, dem Heer u. s. w. das Bild seiner selbst geben.

Das historische Studium ist die Grundlage für die politische Ausbildung und Bildung. Der Staatsmann ist der praktische Historiker: θεωρητικὸς τῶν ὄντων καὶ πρακτικὸς τῶν δεόντων.

Der Staat ist nur der complicirteste unter den Organismen der sittlichen Mächte; jede grosse Anstaltlichkeit fordert ähnliche discussive Selbstcontrole: so das Kirchenregiment, die Leitung industrieller Unternehmungen, die Einrichtung einer wissenschaftlichen Expedition u. s. w.

§. 94.

Mit der letztgenannten Darstellungsform tritt unsere Wissenschaft in die weiten Gebiete ein, in denen sie nicht unterlassen darf, auch ihre Competenz zu begründen, — in gleicher Weise wie die Naturwissenschaften kein Bedenken tragen, ihre Geltung so weit zu bethätigen, wie ihre Methoden sich verwendbar zeigen.

Und auch die Forschungen und Ergebnisse der Naturwissenschaften sind nicht das Werk abstracten Beobachtens und Experimentirens, als sprächen nur die beobachteten und zur Frage gestellten Wirklichkeiten; sondern erst die ganze Fülle von Durchlebungen und Steigerungen, die sich in der Continuität der Geschichte summirt hat, giebt den da forschenden Geistern die Höhe und den Umfang ihrer Anschauungen und Gedanken, um so zu beobachten und zur Frage zu stellen, so zu combiniren und zu schliessen.

Dasselbe gilt von den speculativen Wissenschaften.

Denn alles Denken und Dichten, alles Schaffen und Wollen und Können der Menschen erwächst (§. 6) den Formen nach ausschliesslich, den Stoffen nach zum grossen Theil aus diesen Durchlebungen und Erarbeitungen, deren Continuität zu erforschen, die Aufgabe der Historie ist.

§. 95.

Unsere Wissenschaft macht nicht den Anspruch, dass die Methode ihres Forschens die einzig wissenschaftliche sei (§. 14). Sie bescheidet sich, in ihren Darlegungen des Erforschten nicht mehr geben zu können, als zu erforschen ihres Bereiches ist und ihre Methoden ihr möglich machen.

Und wenn sie sich bewusst ist, auf viele Fragen in ihren Bereichen nicht mehr oder noch nicht genügend antworten zu können, so wird sie um so behutsamer sein, das, was sie giebt, für mehr zu geben, als es ist und sein kann, nämlich: die möglichst sicher erarbeitete und möglichst sachgemäss entwickelte Vorstellung von Dingen, die in nahen, fernen, fernsten Zeiten Gegenwart und Wirklichkeit waren und nur in dem Wissen der Menschen noch leben und mitleben.

Beilagen.

Erhebung der Geschichte zum Rang einer Wissenschaft.

History of civilisation in England by H. T. Buckle. Vol. I. ed. 2. London 1858. Vol. II. 1861.
Geschichte der Civilisation in England von H. T. Buckle, übersetzt von A. Ruge. Bd. I. Abth. 1. 2. Bd. II. Leipzig 1860. 1861.

Unser Zeitalter rühmt sich gern, dass es wissenschaftlich freier, kühner, mit grösseren, auch praktischen Erfolgen arbeite, als irgend ein früheres. Und neidlos wird den Naturwissenschaften in dem, was sie leisten, und in der Art, wie sie es leisten, der Preis zugestanden.

Die Energie dieser Disciplinen besteht darin, dass sie sich ihrer Aufgaben, ihrer Mittel, ihrer Methode völlig klar bewusst sind, und dass sie die Dinge, welche sie in den Bereich ihrer Forschungen ziehen, unter den Gesichtspunkten und nur unter denen betrachten, auf welche ihre Methode gegründet ist.

Treffend bezeichnet diesen Bereich der Studien ein französischer Forscher mit den oft citirten Worten: „jedesmal, wo man eine der vitalen Erscheinungen in die Classe der physikalischen versetzen kann, hat man auch eine neue Eroberung in den Wissenschaften gemacht, deren Gebiet sich eben damit erweitert; dann werden Worte durch Thatsachen, Hypothesen durch Analysen ersetzt, die Gesetze der organischen Körper fallen dann mit denen der unorganischen zusammen und werden wie diese der Erklärung und Vereinfachung fähig".

Aber dieser Ausspruch tritt in einer Allgemeinheit auf, die mehr als bedenklich ist. Oder wäre in der That nur dann eine neue Eroberung in den Wissenschaften gemacht, wenn vitale Erscheinungen in die Classe der physikalischen versetzt worden sind? wäre in der That das Wesen und der Bereich der Wissenschaft damit richtig definirt? müssten die anderen Gebiete menschlicher Erkenntniss anerkennen nur soweit wissenschaftlicher Art zu sein, als sie im Stande sind, vitale Erscheinungen in die Classe der physikalischen zu versetzen?

Es sind nicht bloss die staunenswürdigen Leistungen und Erfolge der naturwissenschaftlichen Arbeiten, welche die Ueberzeugung verbreiten, ihre Methode sei die in vorzüglichem Maass wissenschaftliche, die allein wissenschaftliche. Es liegt in der Bildungsweise unseres Zeitalters, in dem Entwickelungsstadium, in das unsere socialen und sittlichen Zustände eingetreten sind, der tiefere Grund für die Popularität einer Betrachtungsweise, welche für die Welt der quantitativen Erscheinungen die entsprechende ist.

Buckle ist nicht der erste, welcher den Versuch gemacht hat dem unwissenschaftlichen Charakter der Geschichte, der ἀμέθοδος ὕλη, wie schon ein alter Schriftsteller sie nennt, dadurch beizukommen, dass ihre vitalen Erscheinungen unter Gesichtspunkte gestellt werden, welche denen, von welchen die exacten Wissenschaften ausgehen, analog sind. Aber was von Anderen — etwa in der Formel des Naturwüchsigen — gelegentlich eingemengt, oder in der sehr unzulänglichen, nur metaphorischen Vorstellung des Organischen durchgeführt, was von Anderen — so von Comte in der anziehenden „Philosophie positive" — speculativ entwickelt ist, unternimmt Buckle in einer umfassenden historischen Darlegung zu begründen.

Er spricht mit scharfen Ausdrücken über die „Zunft der Historiker" und ihre bisherigen Leistungen, über die Gedankenlosigkeit, mit der sie gearbeitet, die Principlosigkeit, mit der sie geforscht haben; er meint, dass nach ihrer Art zu arbeiten „jeder Schriftsteller zum Geschichtschreiber" befähigt ist; „sei derselbe auch aus Denkfaulheit oder natürlicher Beschränktheit unfähig die höchsten Zweige des Wissens zu behandeln, er braucht nur einige Jahre auf das Lesen einer gewissen Anzahl Bücher zu verwenden, und er mag die Geschichte eines grossen Volkes schreiben und in seinem Fache ein Ansehen erlangen". Er findet, dass „für alle höheren Richtungen des menschlichen Denkens die Geschichte noch in beklagenswerther Unvollkommenheit liegt und eine so verworrene und anarchische Erscheinung darbietet, wie es sich nur bei einem Gegenstand erwarten lässt, dessen Gesetze unbekannt sind, ja dessen Grund noch nicht gelegt ist."

Er gedenkt die Geschichte dadurch zu einer Wissenschaft zu erheben, dass er die historischen Thatsachen aus allgemeinen Gesetzen zu beweisen lehrt. Er bahnt sich den Weg dazu, indem er darlegt, dass die frühesten und rohesten Vorstellungen über den Verlauf der menschlichen Geschicke sich in den Begriffen Zufall und Nothwendigkeit zusammengefasst hätten, dass „höchst wahrscheinlich" aus diesen später die „Dogmen" vom freien Willen und von der Vorherbestimmung geworden seien, dass beide in nicht geringem Maasse „Irrthümer" seien oder, so fügt er hinzu, „dass wir wenigstens keinen ausreichenden Beweis für ihre Wahrheit haben." Er findet, dass „alle Veränderungen, von denen die Geschichte voll ist, alle Wechselfälle, die das Menschengeschlecht betroffen, sein Fortschritt und sein Verfall, sein Glück und Elend die Frucht einer doppelten Wirksamkeit sein müsse, der Einwirkung äusserer Erscheinungen auf unser Inneres und der Einwirkungen unseres Inneren auf die äusseren Erscheinungen." Er hat die Zuversicht, die „Gesetze" dieser doppelten Einwirkung entdeckt, damit die Geschichte der Menschen zu einer Wissenschaft erhoben zu haben.

Buckle sieht den eigentlichen geschichtlichen Inhalt des Lebens der Menschheit in dem, was er Civilisation nennt. Er hat die Geschichte der Civilisation des Englischen, Französischen, Spanischen, Schottischen Volkes entwickelt, um an diesen Beispielen die Anwendung seiner Methode, die Richtigkeit der von ihm gefundenen Gesetze zu zeigen. Er findet diese Gesetze, wie er sagt, auf den zwei einzig möglichen Wegen, dem der Deduction und dem der Induction; auf jenem Wege, indem er nachweist, wie sich aus diesen Gesetzen die geschichtliche Entwickelung der Civilisation bei den genannten Völkern erklärt; auf diesem, indem er aus der Fülle von Thatsachen, die er in seinen Studien gesammelt hat, die maassgebenden und entscheidenden zusammenfasst und den sie vereinigenden höheren Ausdruck findet.

Ich gehe nicht darauf ein, seine Induction und Deduction nach dem zu ihrer Bewährung verwandten historischen Material zu untersuchen. Es könnte in seiner Art der Quellenbenutzung, in der Auswahl seiner Angaben, in der Angemessenheit seiner Zusammenstellungen immerhin Irriges, Willkürliches, Unzulängliches in Fülle vorhanden sein — wie wirklich der Fall ist — ohne dass darum die Aufgabe, die er unserer Wissenschaft stellt, die Methode, die er zu ihrer Lösung empfiehlt, an wissenschaftlichem Werth verlöre; es wäre nur der Historiker Buckle hinter dem Denker, dem Philosophen Buckle zurückgeblieben, und den Historikern von Fach würde die Aufgabe zufallen, die grosse Erfindung, die er ihnen geboten, besser zu exemplificiren und zu verwerthen, als es dem geistvollen Dilettanten in unseren Studien möglich gewesen ist.

Schon früher hat diese (v. Sybel's) Zeitschrift ein paar lehrreiche Aufsätze mitgetheilt, in denen über das Methodische unserer Wissenschaft und über die Art und den Bereich des historischen Erkennens gehandelt ist. Wie auch sollte sie sich denjenigen Fragen verschliessen, welche, immerhin nicht bloss historischer Natur, doch von unserer Wissenschaft selbst behandelt und in ihrer Art gelöst werden müssen, wenn sie nicht Gefahr laufen will, dass ihr gleichsam von fremd her Aufgaben gestellt, Wege vorgezeichnet, Definitionen des Begriffes Wissenschaft zugeschoben werden, denen sie sich nicht fügen kann, ohne sich selbst aufzugeben, ohne auf den Beruf zu verzichten, den im Bereich der menschlichen Erkenntnisse sie zu erfüllen hat und nur sie erfüllen kann.

Man wird den historischen Studien nicht die Anerkennung versagen, dass auch sie an der geistigen Bewegung unseres Zeitalters einigen Antheil haben, dass sie thätig sind, Neues zu entdecken, das Ueberlieferte neu zu durchforschen, das Gefundene in angemessener Weise darzustellen. Aber wenn man sie nach ihrer wissenschaftlichen Rechtfertigung und ihrem Verhältniss zu den anderen Kreisen menschlicher Erkenntniss, wenn man sie nach der Begründung ihres Verfahrens, nach dem Zusammenhang ihrer Mittel und ihrer Aufgaben fragt, so sind sie bisher nicht in der Lage, genügend Auskunft zu geben. Wie ernst und tief die Einzelnen unserer „Zunft" diese Fragen durchdacht haben mögen, unsere Wissenschaft hat ihre Theorie und ihr System noch nicht festgestellt, und vorläufig beruhigt man sich dabei, dass sie ja nicht bloss Wissenschaft, sondern auch Kunst sei und vielleicht, — wenigstens nach dem Urtheil des Publicums, — dies mehr als jenes.

Wir in Deutschland haben am wenigsten Grund, den hohen

Werth der gesteigerten Technik in unseren Studien, der wachsenden
Uebung und Sicherheit in der Handhabung der historischen Kritik,
der Ergebnisse, die damit erzielt worden sind, zu verkennen. Die
Frage, um die es sich hier handelt, ist eine andere. Ein Werk
wie das Buckle's ist sehr geeignet daran zu erinnern, in welchem
Maasse unklar, controvers, beliebigen Meinungen ausgesetzt die Fundamente unserer Wissenschaft sind. Und der tiefe Eindruck, den
dasselbe nicht bloss in dem weiten Kreise der Liebhaber jeder
neuesten Paradoxie, mag sie Tischklopfen oder Phalanstère oder
das Oelblatt der Friedensfreunde heissen, sondern auch auf manche
jüngeren Genossen unserer Studien gemacht hat, darf uns wohl eine
Mahnung sein, endlich auch für unsere Wissenschaft die Begründung zu suchen, um die uns die Naturwissenschaften seit Bacon
— wenn anders er diesen Ruhm verdient — voraus sind.

Oder wäre eben das geleistet zu haben Buckle's Verdienst?
hätte er den wahren Sinn und Begriff unserer Disciplinen entwickelt,
den Bereich ihrer Competenzen festgestellt? wäre er der Bacon der
Geschichtswissenschaften und sein Werk das Organon, das uns geschichtlich denken lehrte? wäre in der Methode, die er lehrt, die
Kraft, aus den Bereichen der geschichtlichen Erkenntniss die idola
specus, fori, theatri u. s. w. zu entfernen, die uns jetzt noch in
der Gestalt der „Irrthümer", wie er sie nennt, vom freien Willen
und der göttlichen Providenz, der Ueberschätzung des moralischen
Princips im Verhältniss zum intellectuellen u. s. w. den Blick
trüben? Und hätte er wirklich recht damit, wenn er sich für den
interessantesten Teil seiner Fundamentalsätze, für den vom freien
Willen, auf unsern Kant beruft, der wie er — das ist seine Ansicht — „die Wirklichkeit des freien Willens in der Erscheinung
für eine unhaltbare Thatsache" erkannt habe? gehört ihm damit
die Priorität der jüngst in Deutschland mit so lebhaftem Accent
verkündeten Entdeckung, Kants Lehre enthalte genau das Gegenteil von dem, was man bisher in ihr zu finden geglaubt habe,
das Ergebniss der Kritik der reinen Vernunft und der praktischen
Vernunft sei, dass die eine so gut wie die andere in Wahrheit
nicht sei?

Schon der Uebersetzer des Buckle'schen Werkes hat darauf
aufmerksam gemacht, dass bis jetzt die Kantische Philosophie die
äusserste Grenze sei, bis zu der sich die englischen Denker vor-

wagen; er nennt die Philosophie Buckle's „ein unvollkommenes Denken, welches selbst die crude Empirie als Philosophie gelten lässt"; er wirft seinem Autor „ein wahrhaft vorweltliches Bewusstsein über alles Denken trotz der Vedas, Cousins und Kants, „der einzigen angeführten Nichtengländer" vor. Wenn er dennoch die von Buckle gefundenen Gesetze „als ein glänzendes durch und durch wahres Programm des Fortschrittes des menschlichen Geistes" begrüsst, und von dem „reformatorischen Beruf" spricht, den das Werk auch für Deutschland habe, so setzen uns solche Aeusserungen in nicht geringe Verlegenheit. Sollen wir, gleichsam in einer Antistrophe zu dem früher Gesagten, erklären, dass immerhin in der philosophischen Begründung der Buckle'schen Theorie Irriges und Unzulängliches, „Vorweltliches" in Fülle vorhanden sein könne, ohne dass darum die reformatorische Bedeutung seines Werkes geringer erscheine? dass derselben der philosophische Dilettantismus des Verfassers ebenso wenig Eintrag thue, wie der historische?

Vielleicht, dass Buckle, von den schulmässigen „Anticipationen" des einen und anderen Faches frei, um so unbefangener die Frage nach dem Wesen der Geschichte und ihren Gesetzen erörtern, den jedem gesunden Menschenverstand einleuchtenden Weg zeigen konnte, auf dem sich „die Geschichte zu dem Range einer Wissenschaft" zu erheben habe. Er bekennt sich wiederholt dazu, ganz und nur als Empiriker beobachten und argumentiren zu wollen; und wenigstens die grossen und einfachen Grundzüge des empirischen Verfahrens sind, so scheint es, dem nur nicht durch Anticipationen getrübten Blick, dem sogenannten gesunden Menschenverstande ohne Weiteres deutlich; und nur diesen meint der englische Sprachgebrauch, wenn er die Wissenschaften, deren Lorbeern unseren Forscher nicht ruhen liessen, philosophische nennt. Buckle sagt: er hoffe „für die Geschichte des Menschen das oder doch etwas Ähnliches zu leisten, was anderen Forschern in den Naturwissenschaften gelungen ist, und in der Natur sind die scheinbar unregelmässigsten und widersinnigsten Vorgänge erklärt und als im Einklange mit gewissen unwandelbaren und allgemeinen Gesetzen nachgewiesen worden; wenn wir die Vorgänge der Menschenwelt einer ähnlichen Behandlung unterwerfen, haben wir sicher alle Aussicht auf einen ähnlichen Erfolg".

Es ist von Interesse, das quid pro quo zu beachten, von dem

Buckle seinen Ausgang nimmt. „Wer an die Möglichkeit einer Wissenschaft der Geschichte glaubt", wie er selbst, und sie durch die Anwendung der naturwissenschaftlichen Methode begründet zu haben gewiss ist, konnte der übersehen, dass er damit die Geschichte nicht sowohl zu einer Wissenschaft erhoben, als vielmehr in den Kreis der Naturwissenschaften gestellt hat? Auch andere Wissenschaften, die Theologie, die Philosophie haben zu Zeiten, wo ihre Methoden für die allein wissenschaftlichen galten, die Geschichte, die Natur in ihre Competenz ziehen zu müssen geglaubt; aber weder die Erkenntniss der Natur noch die der Geschichte hatte in dem Maass grösseren Gewinn, als sie orthodoxer oder speculativer gesucht wurde. Giebt es denn immer nur Einen Weg, Eine Methode des Erkennens? sind die Methoden nicht je nach ihren Objecten andere und andere, wie die Sinneswerkzeuge für die verschiedenen Formen sinnlicher Wahrnehmung, wie die Organe für ihre verschiedengearteten Functionen?

„Wer an die Möglichkeit einer Wissenschaft der Geschichte glaubt", der müsste nach unserer deutschen Art, logisch und sachgemäss zu denken, nicht die Richtigkeit dieses seines Glaubens dadurch beweisen wollen, dass er uns überzeugt, man könne auch mit den Händen riechen und mit den Füssen verdauen, man könne auch Töne sehen und Farben hören. Gewiss kann die Schwingungen einer Saite, die das Ohr als einen tiefen Ton vernimmt, auch das Auge sehn; aber es sieht Schwingungen, deren Eigenschaft, auch als Ton vernommen zu werden, doch nur dem Ohr und seiner Methode der Wahrnehmung zugänglich ist. Gewiss ist in den Bereichen, mit denen die „Wissenschaft der Geschichte" zu thun hat, Vieles, was auch der naturwissenschaftlichen Methode, Vieles, was anderen und anderen Formen wissenschaftlicher Erkenntnis auch zuständig oder zugänglich ist; aber wenn da Erscheinungen, wie viele oder wenige es denn sein mögen, wenn da Gesichtspunkte, Beziehungen übrig bleiben, die keiner der sonstigen Erkenntnissarten zugänglich sind, so ist es angezeigt, dass es für sie noch eine andere, eine eigene und besondere Methode geben müsse. Wenn es eine „Wissenschaft der Geschichte", an die auch wir glauben, geben soll, so ist damit gesagt, dass es einen Kreis von Erscheinungen gebe, für die weder die theologische noch die philosophische, weder die mathematische noch die physikalische Betrachtungsweise geeignet ist, dass es Fragen gebe, „auf die weder die Speculation Antwort giebt, mag sie theologisch das Absolute zu ihrem Ausgangspunkt oder philosophisch zu ihrem Zielpunkt haben, noch diejenige Empirie, die die Welt der Erscheinungen nach ihrem quantitativen Verhalten fasst, noch irgend eine Disciplin aus den praktischen Bereichen der sittlichen Welt.

Unser Begründer der Wissenschaft der Geschichte geht mit beneidenswerther Unbefangenheit an seine Aufgabe. Er hält es nicht für nothwendig, die Begriffe zu erörtern, mit denen er arbeiten will, den Bereich zu umgrenzen, in dem seine Gesetze ihre Anwendung finden. Was Wissenschaft ist, denkt er, weiss jeder, was Geschichte ist, eben so. Doch nein, er macht gelegentlich bemerklich, was sie nicht ist; er citirt mit herzlicher Zustimmung Comte phil. pos. V. p. 18, der mit Unwillen bemerkt: „die unzusammenhängende Anhäufung von Thatsachen werde ganz ungehörig als Geschichte bezeichnet". Wie denkwürdig ist dieser Satz des französischen Denkers, wie lehrreich, dass der englische ihn sich aneignet. Gewiss man nennt den unabsehbaren Verlauf von Thatsachen, in dem wir das Leben der Menschen, der Völker, der Menschheit sich bewegen sehen, Geschichte, wie man ja eine Gesamtheit von Erscheinungen anderer Art unter dem Namen Natur zusammenfasst. Aber hat denn irgend jemand gemeint, dass eine Sammlung von getrockneten Pflanzen Botanik, von ausgestopften oder nicht ausgestopften Thierbälgen Zoologie sei? Hat irgend jemand die Meinung gehabt, Thatsachen sammeln und, zusammenhängend oder nicht, aufhäufen zu können? Thatsachen als da sind Schlachten, Revolutionen, Handelskrisen, Städtegründungen u. s. w.? hat wirklich bisher „die Zunft der Historiker" nicht gemerkt, dass sich die Thatsachen von dem, wie wir sie wissen, unterscheiden?

Wenn Buckle uns im Dunkeln tappenden Historikern wirklich ein Licht anzünden wollte, so hätte er vor Allem sich und uns klar machen müssen, wie und mit welchem Recht sich jener Name Geschichte für eine bestimmte Reihe von Erscheinungen hat fixiren können, wie der der Natur für eine andere; er hätte zeigen müssen, was es bedeutet, dass der wunderliche Epitomator, der Menschengeist, die Erscheinungen dem Raum nach als Natur, die der Zeit nach als Geschichte zusammenfasst, nicht weil sie an sich und objectiv so sind und so sich scheiden, sondern um sie fassen und denken zu können; er würde dann erkannt haben, wie das Material beschaffen ist, mit dem eine „Wissenschaft der Geschichte" zu thun haben und arbeiten kann. Wenn er sich bewusst war, was es bedeute, ein Empiriker zu sein, so durfte er nicht unterlassen zu erörtern, in welcher Weise diese Materialien der geschichtlichen Forschung uns so gegenwärtig und zu sinnlicher Wahrnehmbarkeit vorliegen, wie es das Wesen aller Empirie fordert. Freilich würde er dann haben erkennen müssen, dass nicht die Vergangenheiten, nicht das unabsehbare Durcheinander von „Thatsachen", das sie erfüllte, uns als Material der Forschung vorliegen, dass diese Thatsachen vielmehr mit dem Moment, dem sie angehörten, für immer vergangen sind, dass wir menschlicher Weise ja nur die Gegenwart, das Hier und Jetzt haben, freilich mit dem Triebe und der Fähigkeit, diesen ephemeren Punkt lernend, erkennend, wollend unermesslich zu entwickeln, dass unter den eigenthümlichen Vorgängen in dem Bereich des Geistes einer der merkwürdigsten derjenige ist, der es uns möglich macht, die für immer vergangenen Gegenwarten, die hinter uns liegen, wieder zu erwecken, sie in unserem Geist zu vergegenwärtigen, das heisst, nach menschlicher Art zu verewigen,

Noch auf eine zweite Reihe von Betrachtungen hätte uns Buckle führen müssen, wenn er uns und sich über den gedankenlosen Gebrauch des Wortes Geschichte und über die Anticipationen, die aus demselben stammend den Blick trüben, hätte erheben wollen. Er lässt uns in gelegentlichen Andeutungen erfahren, dass die Geschichte es mit den „Handlungen der Menschen" zu thun hat, dass sie „mit der unersättlichen Wissbegier, welche unsere Mitmenschen betrifft", zusammenhängt; aber er unterlässt es uns zu sagen, in welcher Weise diese Handlungen der Menschen geschichtlicher Natur sind; er lässt uns im Unklaren darüber, auf welcherlei Fragen die Wissbegier, die unsere Mitmenschen betrifft, Antwort sucht.

Es gehört nicht eben ein hoher Grad von Scharfsinn dazu, einzusehen, dass die menschlichen Handlungen in dem Moment, da sie geschahen, und in der Meinung derer, durch welche und für welche sie geschahen, am allerwenigsten die Absicht, die Bestimmung hatten, geschichtliche Thatsachen zu sein. Der Feldherr, der eine Schlacht liefert, der Staatsmann, der einen Vertrag unterhandelt, hat wirklich vollauf zu thun, um den praktischen Zweck zu erreichen, um den es sich in diesem Moment handelt; und so bis zu den kleinen und kleinsten „Handlungen der Menschen" hinab, sie alle vollziehen sich in dem unabsehbar mannigfaltigen Zusammenhang von Interessen, Conflicten, Geschäften, von Motiven, Leidenschaften, Kräften und Hemmungen, deren Gesamtheit man wohl die sittliche Welt genannt hat. Man wird diese unter sehr verschiedenartigen Gesichtspunkten betrachten können, praktischen, technischen, rechtlichen, socialen u. s. w.; endlich auch eine Betrachtungsweise der sittlichen Welt ist die geschichtliche.

Ich versage es mir, die Consequenzen dieser Erörterungen darzulegen: Consequenzen, welche uns, wie der aufmerksame Leser sich selber sagen wird, zu demjenigen Puncte führen würden, an dem sich ergiebt, wie, wenn ich so sagen darf, aus den Geschäften Geschichte wird, von welcher Art die auf solche Materialien begründete, in solchem Bereich anwendbare Erkenntnissweise beschaffen sein wird, was sie leisten und nicht leisten kann, wie beschaffen die Gewissheit ist, die sie zu geben, die Wahrheit, die sie zu finden im Stande ist.

Buckle hat die Güte anzuerkennen, dass der Glaube an den Werth der Geschichte weit verbreitet, dass ein Stoff gesammelt sei, der im Ganzen ein reiches und Achtung gebietendes Ansehen habe; er schildert in grossen Zügen, welche Menge von Forschungen und Entdeckungen auf dem historischen Gebiet bereits gemacht sei; aber, fügt er hinzu, „wenn wir sagen sollen, wie dieser Stoff benutzt worden, so müssen wir ein ganz anderes Gemälde entwerfen". Wie er benutzt worden? muss denn Alles exploitirt werden? ist denn die staunenswürdige Tiefe mathematischer Erkenntniss nur darum wissenschaftlich, weil der Feldmesser, der Mechaniker den einen oder anderen Satz aus ihr benutzen kann? Wenn die Propheten dem Volk Israel mahnend und strafend das Bild seiner selbst vorhielten, wie anders fanden sie es als in dem Nachweis, wie der Gott der Väter sich ihnen bezeugt habe „von Ägypten her"; wenn Thukydides sein κτῆμα εἰς ἀεί schrieb, sollte er mit diesem stolzen Worte die kunstreiche Form, in der er schrieb, nicht das geschichtliche Drama, von dem er schrieb, gemeint haben?

Buckle's vorwurfsvolle Frage vergisst, dass die Arbeit der Jahrhunderte das Fideicommiss jeder neuen Generation ist; worin anders besteht die von ihm selbst so hochgefeierte Civilisation, als in der summirten Arbeit derer, die vor uns waren? Alle Vergangenheiten, die ganze „Geschichte" ist ideell in der Gegenwart und dem, was sie hat, enthalten; und wenn wir uns diesen ihren idealen Gehalt zum Bewusstsein bringen, wenn wir uns, wie das, was ist, geworden ist, etwa in erzählender Form vergegenwärtigen, was thun wir da anders als die Geschichte zum Verständniss dessen, was ist, dessen, worin wir uns denkend, wollend, handelnd bewegen, benutzen? Das ist der Weg, es ist einer der Wege, das dürftige und einsame Hier und Jetzt unseres ephemeren Daseins unermesslich zu erweitern, zu bereichern, zu steigern. In dem Maasse als wir selbst — ich meine die arbeitenden Menschengeschlechter — höher steigen, erweitert sich der Horizont, den wir überschauen, und das Einzelne innerhalb desselben zeigt sich uns mit jedem neuen Standpunkt in neuen Perspectiven, in neuen und weiteren Beziehungen; die Weite unseres Horizonts ist ziemlich genau das Maass der von uns erreichten Höhe; und in demselben Maasse hat sich der Kreis der Mittel, der Bedingungen, der Aufgaben unseres Daseins erweitert. Die Geschichte giebt uns das Bewusstsein dessen, was wir sind und haben.

Es ist der Mühe werth, sich klar zu machen, dass sich in diesem Zusammenhange ergiebt, was Bildung ist und was sie uns bedeutet. Wenn Goethe sagt: „was du ererbt von deinen Vätern hast, erwirb es, um es zu besitzen", so finden wir hier die Bewährung dieses dunklen Spruchs. Wie hoch immerhin die Stelle des Zeitalters, des Volkes sein mag, in das wir Einzelne hineingeboren sind, wie gross die Fülle des Ererbten, das uns ohne Weiteres zu Gute kommt, wir haben sie, als hätten wir sie nicht, so lange wir nicht durch eigene Arbeit sie erworben, sie als das, was sie ist, als das Ergebniss unablässiger Arbeit derer, die vor uns waren, erkannt haben. Das in der Geschichte der Zeiten und Völker, der Menschheit Erarbeitete im Geist, dem Gedanken nach, als Continuität durcharbeitet und durchlebt haben, heisst Bildung. Die Civilisation begnügt sich mit den Resultaten der Bildung; sie ist in der Fülle des Reichthums arm, in der Opulenz des Geniessens blasirt.

Nachdem Buckle beklagt hat, wie wenig bisher die reiche und

immer wachsende „Masse von Thatsachen" benutzt worden sei, giebt er den Grund, „den eigentümlich unglücklichen Umstand" an, der diese Erscheinung erklärt; „in allen übrigen grossen Gebieten der Forschung, sagt er, wird die Nothwendigkeit der Verallgemeinerung von Jedermann zugegeben, und wir begegnen edlen Anstrengungen, auf besondere Thatsachen gestützt die Gesetze zu entdecken, unter deren Herrschaft die Thatsachen stehen. Die Historiker hingegen sind soweit davon entfernt, dies Verfahren zu dem ihrigen zu machen, dass unter ihnen der sonderbare Gedanke vorherrscht, ihr Geschäft sei lediglich, Begebenheiten zu erzählen und diese allenfalls mit passenden sittlichen und politischen Betrachtungen zu beleben".

Es gehört eine gewisse Geduld dazu, diesen im Schritt durchgehenden Trivialitäten, dieser sich immer um sich selbst herum wälzenden Begriffsverwirrung nachzugehen. Also Verallgemeinerungen sind die Gesetze, die Buckle sucht; auf dem Wege der Verallgemeinerung glaubt er die Gesetze finden zu können, welche die Erscheinungen der sittlichen Welt erklären, das heisst mit Nothwendigkeit bestimmen. Sind denn die Regeln einer Sprache Sprachgesetze? Gewiss summirt die Induction aus dem Einzelnen die Thatsache des Allgemeinen, aber nicht, indem sie es verallgemeinert, sondern die Einzelnheiten in ihrer Gemeinsamkeit zusammenfasst. Aber um aus der Regel zum Gesetz fortzuschreiten, um den Grund der allgemeinen Erscheinung zu finden, bedarf es des analytischen Verfahrens. Buckle hält es nicht für nothwendig, sich und uns Rechenschaft über die Logik seiner Untersuchung zu geben; er begnügt sich, ein „vorläufiges Hinderniss" zu beseitigen, das ihm seinen Weg zu sperren scheint. „Es heisst, sagt er, in menschlichen Dingen sei etwas Providentielles und Geheimnissvolles, welches sie unserer Forschung undurchdringlich mache und uns ihren künftigen Verlauf für immer verbergen werde"; er begegnet diesem Hinderniss mit der „einfachen" Alternative: „sind die Handlungen der Menschen und folglich auch der Gesellschaft bestimmten Gesetzen unterworfen, oder sind sie das Ergebniss entweder des Zufalls oder einer übernatürlichen Einwirkung?" Jawohl: diese Wolke ist, wenn nicht ein Kamel, so entweder ein Wiesel oder ein Wallfisch.

Wir haben schon früher bemerkt, dass, wenn es eine Wissenschaft der Geschichte geben soll, diese ihre eigene Erkenntnissart, ihren eigenen Erkenntnissbereich haben muss; wenn anderweitig die Induction oder die Deduction vortreffliche Resultate ergeben hat, so kann das nicht die Folge haben, dass die Wissenschaft der Geschichte sich entweder des einen oder des andern Verfahrens bedienen müsse; und glücklicherweise giebt es zwischen Himmel und Erde Dinge, die sich zur Deduction ebenso irrational verhalten, wie zur Induction, die mit der Induction und dem analytischen Verfahren zugleich die Deduction und die Synthese fordern, um in der alternativen Bethätigung beider nicht ganz, aber mehr und mehr, nicht vollständig, aber annähernd und in gewisser Weise erfasst zu werden, die nicht entwickelt, nicht erklärt, sondern verstanden werden wollen.

Die „Wissbegierde, die unsere Mitmenschen betrifft", ist darum „unersättlich", weil, was sie uns da einbringt, ein Verstehen ist, und weil mit unserem wachsenden Verständniss der Menschen und des menschlicher Weise Seienden und Gewordenen das uns selbst Eigenste weiter, tiefer, freier wird, ja überhaupt erst wird. So gewiss es ist, dass auch wir Menschen in dem allgemeinen Stoffwechsel mit leben und weben, und so richtig es sein mag, dass jeder Einzelne nur eben die und die Atome aus der „ewigen Materie" vorübergehend zusammenfasst und zu seiner Daseinsform hat, ebenso gewiss oder vielmehr unendlich gewisser ist, dass vermittelst dieser „fliessenden Bildungen" und ihrer trotz alledem vitalen Kräfte etwas gar Besonderes und Unvergleichliches geworden ist und wird, eine zweite Schöpfung nicht von neuen Stoffen, aber von Formen, von Gedanken, von Gemeinsamkeiten und ihren Tugenden und Pflichten, die sittliche Welt.

In diesem Bereich der sittlichen Welt ist Alles von der kleinsten Liebesgeschichte bis zu den grossen Staatsactionen, von der einsamen Geistesarbeit des Dichters oder Denkers bis zu den unermesslichen Combinationen des Welthandels oder dem prüfungsreichen Ringen des Pauperismus unserem Verständniss zugänglich; und was da ist, verstehen wir, indem wir es als ein Gewordenes fassen.

Es ist bereits erwähnt worden, dass Buckle die Willensfreiheit zugleich mit der göttlichen Providenz nicht sowohl ausser Rechnung lässt, als vielmehr für Illusionen erklärt und über Bord wirft.

Auch in den Bereichen der Philosophie ist neuester Zeit Ähnliches gelehrt worden; ein Denker, dessen ich mit persönlicher Hochachtung gedenke, sagt: wenn man Alles, was ein einzelner Mensch ist und hat und leistet, A nennt, so besteht dies A aus a + x. indem a Alles umfasst, was er durch äussere Umstände von seinem Land, Volk, Zeitalter u. s. w. hat und das verschwindend kleine x sein eigenes Zuthun, das Werk seines freien Willens ist. Wie verschwindend klein immer dies x sein mag, es ist von unendlichem Werth, sittlich und menschlich betrachtet allein von Werth. Die Farben, der Pinsel, die Leinwand, welche Raphael brauchte, waren aus Stoffen, die er nicht geschaffen; diese Materialien zeichnend und malend zu verwenden, hatte er von den und den Meistern gelernt; die Vorstellung von der heiligen Jungfrau, von den Heiligen, den Engeln fand er vor in der kirchlichen Ueberlieferung; das und das Kloster bestellte ein Bild bei ihm gegen angemessene Bezahlung; — aber dass auf diesen Anlass, aus diesen materiellen und technischen Bedingungen, auf Grund solcher Ueberlieferungen und Anschauungen die Sixtina wurde, das ist in der Formel A = a + x das Verdienst des verschwindend kleinen x. Und ähnlich überall. Mag immerhin die Statistik zeigen, dass in dem bestimmten Lande so und so viele uneheliche Geburten vorkommen, mag in jener Formel A = a + x dies a alle die Momente enthalten, die es „erklären", dass unter tausend Müttern 20, 30, wie viele es denn sind, unverheirathet gebären, — jeder einzelne Fall der Art hat seine Geschichte und wie oft eine rührende und erschütternde, und von diesen 20, 30 Gefallenen wird schwerlich auch nur eine sich damit beruhigen, dass das statistische Gesetz ihren Fall „erkläre"; in den Gewissensqualen durchweinter Nächte wird sich manche von ihnen sehr gründlich überzeugen, dass in der Formel A = a + x das verschwindend kleine x von unermesslicher Wucht ist, dass es den ganzen sittlichen Werth des Menschen, das heisst seinen ganzen und einzigen Werth umschliesst.

Es wird keinem Verständigen einfallen zu bestreiten, dass auch die statistische Betrachtungsweise der menschlichen Dinge ihren grossen Werth habe; aber man muss nicht vergessen, was sie leisten kann und leisten will. Gewiss haben viele, vielleicht alle menschlichen Verhältnisse auch eine rechtliche Seite; aber darum wird man doch nicht sagen wollen, dass man das Verständniss der Eroica oder des Faust unter den juristischen Bestimmungen über das geistige Eigenthum suchen müsse.

Ich will Buckle nicht in seinen weiteren Erörterungen über die „Naturgesetze", über die „geistigen Gesetze", über den Vorzug der intellectuellen gegen die moralischen Kräfte u. s. w. folgen. Das Ergebniss seiner Betrachtungen im ersten Theil resumirt er im Anfang des zweiten in folgenden vier „Hauptgedanken", die nach seiner Ansicht für die Grundlagen einer Geschichte der Civilisation gelten müssen. „1. Der Fortschritt des Menschengeschlechts beruht auf dem Erfolg, womit die Gesetze der Erscheinungen erforscht, und auf dem Umfang, bis zu welchem diese Kenntnisse verbreitet werden. 2. Bevor eine solche Forschung beginnen kann, muss sich ein Geist des Skepticismus erzeugen, welcher zuerst die Forschung fordert und dann von ihr gefordert wird. 3. Die Entdeckungen, die auf diese Weise gemacht werden, stärken den Einfluss intellectueller Wahrheiten und schwächen beziehungsweise, nicht unbedingt, den Einfluss sittlicher Wahrheiten; diese entwickeln sich weniger und erhalten weniger Zuwachs als die intellectuellen Wahrheiten. 4. Der Hauptfeind dieser Bewegung und folglich der Hauptfeind der Civilisation ist der bevormundende Geist: darunter verstehe ich die Vorstellung, die menschliche Gesellschaft könne nicht gedeihen, wenn ihre Angelegenheiten nicht auf Schritt und Tritt von Staat und Kirche bewacht und behütet werden, wo dann der Staat die Menschen lehrt, was sie zu thun, die Kirche, was sie zu glauben haben."

Wenn das die Gesetze sind, in denen „das Studium der Geschichte der Menschheit" seine wissenschaftliche Höhe erreicht haben soll, so ist der glückliche Finder in der Naivität, mit der er sich über ihre ausserordentliche Seichtigkeit auch nur einen einzigen Augenblick hat täuschen können, wahrhaft beneidenswerth. Gesetze von dieser Sorte könnte man täglich zu Dutzenden und zwar auf demselben Wege der Verallgemeinerung finden, Gesetze, von denen keins an Tiefsinn und Fruchtbarkeit hinter dem bekannten Satz zurückbleiben sollte: dass der Maassstab für die Civilisation eines Volkes dessen Verbrauch an Seife sei.

Baco sagt einmal: *citius emergit veritas ex errore, quam ex confusione*. Die Confusion, deren sich Buckle schuldig macht, liegt auf der Hand. Weil er die Natur der Dinge, mit denen er sich zu beschäftigen unternahm, zu untersuchen und zu ergründen unterlassen hat, so verfährt er mit ihnen, als ob sie überhaupt eine eigene Natur und Art nicht hätten, einer eigenen Methode nicht bedürften: und die Methode, die er auf einen ihr fremdartigen Bereich anwendet, rächt sich damit, dass sie ihn statt der calculabeln Formeln, in denen sie sonst ihre Gesetze ausdrückt, Gemeinplätze gewinnen lässt, die für heut und gestern eine gewisse Richtigkeit haben mögen, aber angesichts der Jahrtausende der Geschichte, angesichts der grossen Gestaltungen des Mittelalters, des beginnenden Christentums, der Römer- und Griechenwelt völlig nichtssagend erscheinen.

Wenn Buckle in der Geschichte die grosse Arbeit des Menschengeschlechts erkennt, wie konnte er da umhin sich zu fragen: welcher Art, aus welchem Stoff diese Arbeit sei, wie sich die Arbeiter zu ihr verhalten, für welche Zwecke gearbeitet wird? Er würde — denn es ist der Mühe werth einen Augenblick bei diesen Fragen zu verweilen — er würde erkannt haben, dass die geschichtliche Arbeit ihrem Stoff nach sowohl natürlich Gegebenes wie geschichtlich Gewordenes umfasst, dass beides eben so Mittel und Schranke, eben so Bedingung wie Antrieb für sie ist. Er würde bemerkt haben, dass in diesem Bereich allerdings, die Methode der quantitativen Erscheinungen eine gewisse Anwendbarkeit hat, dass hier, wo es sich um die grossen Factoren der leiblichen Existenz, der Naturbedingnisse, der statistischen Zustände handelt, unsere Disziplin die Arbeiten der exacten Wissenschaft mit dem grössten Interesse begleiten, ihre glänzenden Ergebnisse mit freudigem Dank annehmen wird. Aber eingedenk der weiteren Fragen, die angedeutet sind, würde sich Buckle gehütet haben zu glauben, dass die in jenem Bereich gefundenen Ergebnisse — die, wie er meint, auf dem Wege der Verallgemeinerung gefundenen Gesetze — die Summe der Geschichte seien, dass sie „die Geschichte zu dem Rang einer Wissenschaft erheben", indem sie ihre Erscheinungen „erklären". Erklärt sind sie damit so wenig, wie die schöne Statue des Adorante mit dem Erz, aus dem sie gegossen, dem Thon, aus dem die Form gefertigt, dem Feuer, mit dem das Metall in Fluss gebracht worden ist. Es bedurfte, wie schon „der Meister derer, welche wissen", gelehrt hat, auch der Vorstellung von dem Bilde, das da werden sollte; und sie war in des Künstlers

Seele, ehe das Werk war, in dem sie sich verwirklichen sollte (τὸ τί ἦν εἶναι); es bedurfte auch des Zweckes, um des willen, das Bildwerk gemacht werden sollte, etwa eines Gelübdes an den rettenden Gott, dessen Tempel es schmücken sollte; es bedurfte der geschickten Hand, um den Zweck und das Gedankenbild und den Stoff zusammenzuschliessen zu dem vollendeten Werk. Freilich auch das Erz war nöthig, damit der Adorante gefertigt werde: aber es wäre doch ein übles Stück Civilisation, wenn man dies wundervolle Kunstwerk nur nach dem Metallwerth schätzen wollte, wie Buckle mit der Geschichte thut.

Er verfährt um nichts weniger einseitig als diejenigen, — wie streng tadelt er sie! — welche die Geschichte allein aus dem Zweck, wie etwa die Theologie ihn lehrt oder das gläubige Gemüth ihn ahnt, erklären; — oder welche eben so einseitig nur die geschickten Hände, welche die Arbeit machen, sehen und beobachten, gleich als wenn die Geschicke nicht ihres Ganges gingen trotz des guten oder üblen Willens derer, durch welche sie sich vollziehen: — oder welche ein für allemal mit ihren Vorstellungen von den Dingen, die da im steten Werden und in steter Selbstkritik sind, mit ihren Doctrinen fertig, immer nur wissen und besser wissen, wie der Staat, die Kirche, die sociale Ordnung u. s. w. hätte werden und sein müssen. Jede dieser Betrachtungsweisen für sich ist einseitig, unwahr, verderblich, wenn auch jede in ihrer Art berechtigt und förderlich ist. „Alles", lehrt jener alte Philosoph, „was durch Ursache ist, nicht durch sich selbst, wie die Gottheit", enthält jene vier Momente, von denen keins allein und für sich das Ganze erklären kann und soll. Und genauer, nach jenen vier Momenten zerlegen wir es uns in unserem Geist, für unsere Betrachtung, mit dem Bewusstsein, dass sie in der Wirklichkeit, die wir betrachten wollen, völlig eins und von einander durchdrungen sind; wir scheiden und unterscheiden so mit dem Bewusstsein, dass es nur eine Hülfe für unseren reconstruirenden Verstand ist, wenn wir so verfahren, während andere Thätigkeiten unserer Seele sofort und unmittelbar Totalitäten geben und empfangen.

Verzeihe man diese sehr elementaren Erörterungen; dem verworrenen Verfahren Buckle's gegenüber durften sie nicht umgangen werden, wenn die Fragen, um die es sich hier handelt, in ein sicheres Gleis gebracht werden sollen.

Also in der Geschichte kommt es nicht bloss auf den Stoff an, an dem sie arbeitet. Neben dem Stoff ist die Form; und in diesen **Formen** hat die Geschichte ein rastlos sich weiter bewegendes Leben. Denn diese Formen sind die sittlichen Gemeinsamkeiten, in denen wir leiblich und geistig werden, was wir sind, kraft deren wir uns über die klägliche Öde und Dürftigkeit unseres atomistischen Ichseins erheben, gebend und empfangend um so reicher werden, je mehr wir uns binden und verpflichten. Dies sind Bereiche, innerhalb deren Gesetze von gar anderer Art und Energie, als die neue Wissenschaft sie sucht, ihre Stelle haben und ihre Macht üben. Diese sittlichen Mächte, wie man sie schön genannt hat, sind in vorzüglichem Maasse zugleich Factoren und Producte des geschichtlichen Lebens; und rastlos werdend bestimmen sie mit ihrem Gewordensein diejenigen, die die Träger ihrer Verwirklichungen sind, erheben sie über sich selbst. In der Gemeinschaft der Familie, des Staates, des Volkes u. s. w. hat der Einzelne über die enge Schranke seines ephemeren Ich hinaus sich erhoben, um, wenn ich so sagen darf, aus dem Ich der Familie, des Volkes, des Staates zu denken und zu handeln. Und in dieser Erhebung und ungestörten Betheiligung an dem Wirken der sittlichen Mächte je nach ihrer Art und Pflicht, nicht in der unbeschränkten und ungebundenen Independenz des Individuums liegt das wahre Wesen der Freiheit. Sie ist nichts ohne die sittlichen Mächte; sie ist ohne sie unsittlich, eine blosse Locomobile.

Freilich von diesen sittlichen Mächten denkt Buckle ausserordentlich gering; er sieht von Kirche und Staat nichts als Bevormundung und Uebergriffe; ihm sind Recht und Gesetz nur Schranken und Lähmungen; die Consequenz seiner Anschauungsweise würde sein, dass auch das Kind nicht sowohl auf die Pflege und Liebe der Eltern, auf die Zucht und Führung der Lehrer angewiesen, als vielmehr ein Stück souveräner Freiheit wäre.

Zu einem so ausserordentlich rohen Freiheitsbegriff kommt Buckle, weil er es versäumt, den Arbeitern in der geschichtlichen Arbeit die gebührende Aufmerksamkeit zu widmen, weil er nur an das massige Capital Civilisation, nicht an das immer neue Erwerben, das das Wesen der Bildung ist, denkt, weil er nicht sieht oder nicht sehen will, dass in jenem verschwindend kleinen x der ganze und der einzige Werth der Persönlichkeit liegt, ein Werth, der sich nicht nach dem Umfang der Wirkungssphäre oder dem Glanz der Erfolge bemisst, sondern nach der Treue, mit der jeder das ihm anvertraute Pfand verwaltet.

In diesen Bereichen wieder giebt es Gesetze von ganz anderer Macht und Unerbittlichkeit, als jene auf dem Wege der Verallgemeinerung gefundenen; hier gilt es Pflicht, Tugend, Wahl in den tragischen Conflicten der sittlichen Mächte, in jenen Collisionen der Pflichten, die nur durch die Kraft des freien Willens gelöst, in denen wohl die Freiheit nur durch den Tod gerettet werden kann. Oder sind auch diese Dinge damit beseitigt, dass „das Dogma vom freien Willen" für eine Illusion erklärt wird?

Buckle freilich ist noch nicht so weit fortgeschritten, jenes Dogma vom freien Willen darum zu verwerfen, weil dasselbe auf der petitio principii beruhe, dass überhaupt Geist oder Seele sei; wie diejenigen schliessen würden, welche alle diese Inponderabilien wie Verstand, Gewissen, Willen u. s. w. für unwillkürliche Functionen des Gehirns, für Ausschwitzungen, ich weiss nicht welcher grauen oder weissen Materie, erklären. Und in der That müssten die grossen Geister, die so lehren, wohl zuerst den Nachweis liefern, dass solche ihre Lehren nicht eben auch nur Ausschwitzungen ihres Gehirns seien, und zwar krankhafte. Aber indem Buckle gegen das Vorhandensein des freien Willens argumentirt, und zwar aus der „Ungewissheit über das Bestehen des Selbstbewusstseins", muss er uns entweder gestatten, seine auf solche Ungewissheit begründete Argumentation selbst für ungewiss zu halten; oder er hätte uns beweisen müssen, dass er argumentiren könne auch ohne das Bestehen des Selbstbewusstseins, d. h. des denkenden Ichs, und dass er, wenn auch ohne Selbstbewusstsein, etwa als ein Denkautomat, das Werk habe zu Stande bringen können, mit dem er die Geschichte zu dem Rang einer Wissenschaft hat erheben wollen — nein, nicht wollen, denn das Wollen läugnet er mit der Freiheit des Willens; sondern irgend wer müsste irgend welchen aufgehäuften Stoff von Thatsachen in diese Denkmühle geworfen haben, und dieselbe hätte denselben verarbeitet und das so Verarbeitete, σόφισμα, κύρμα, τρίμμα, παιπάλημ' ὅλον, wäre die neue Wissenschaft der Geschichte.

Wenn trotz alledem Buckle den „Fortschritt" in der Geschichte erkennt und unermüdlich ist, ihn als das eigentliche Wesen in dem Leben der Menschheit zu bezeichnen, so ist das zwar sehr dankenswerth, aber weder in der Folgereihe seiner Erörterungen begründet, noch folgerichtig durchgeführt. Ist da ein Fortschreiten, so muss sich in der beobachteten Bewegung die Richtung zu dem hin, um dess Willen sie ist, erkennbar machen. Die naturwissenschaftliche Betrachtungsweise ist dem Gesichtspunkte nach, unter dem sie die Erscheinungen fasst, in anderer Lage. Sie sieht in den Veränderungen, die sie beobachtet, bis zu den Aequivalenten der Kräfte hinauf nur das im Wechsel Gleiche und Bleibende, und die vitalen Erscheinungen interessiren sie nur, insoweit sie entweder in Perioden oder morphologisch sich wiederholen; in dem individuellen Sein sieht und sucht sie nur entweder den Gattungsbegriff oder den Vermittler des Stoffwechsels. Indem sie den Begriff des Fortschrittes — Darwin's Entwicklungstheorie ist der stärkste Beweis dafür — ihrer Methode nach von sich ausschliesst, — den Fortschritt nicht in ihrer Erkenntniss, sondern als Moment in dem, was sie erkennen will, — so hat sie weder eine Stelle noch einen Ausdruck für den Zweckbegriff, sie stellt ihn ausser Rechnung, indem sie ihn theils zur Nützlichkeit degradirt und die alte Lessing'sche Frage offen lässt, was denn der Nutzen des Nutzens sei, theils unter Formen wie Ewigkeit der Materie, Entwicklung u. s. w. anderen Methoden als Problem überweist. Wenn Buckle für die geschichtliche Welt den Begriff des Fortschrittes voranstellt, so kommt er zu einem Paralogismus sehr bezeichnender Art. Mochte er bekennen, dass er auf dem Wege der geschichtlichen Forschung das primum mobile nicht gefunden habe, mochte er erkennen, dass es dem Wesen der empirischen Methoden nach auf diesem Wege nicht zu erreichen, mit der Sprache der Wissenschaft, mit ihren Begriffen, ihrer Art zu denken, nicht adäquat auszudrücken sei, — aber ist damit der Schluss gerechtfertigt, dass es überhaupt nicht sei, dass es nur in unserem Irrthum eine Stelle habe? Giebt es nicht noch andere und andere Erkenntnissformen, andere Methoden, die vielleicht eben das, was die naturwissenschaftliche nicht will und in richtiger Consequenz ihres Gesichtspunktes nicht will, die historische nicht kann oder in nur unzulänglicher Weise kann, nach ihrer Natur können und wollen? Gäbe es etwa darum kein ästhetisches Urtheil, weil es auf juristischem Wege nicht zu finden ist? darum keinen Rechtssatz, weil man einen solchen auf ästhetischem Wege vergebens suchen würde? Wer der geschichtlichen Welt den Fortschritt vindicirt, der mag bedauern, dass nur ein Theil dieser eigenthümlichen Bewegung des Menschengeschlechts unserem Blick erreichbar, er mag bedauern, dass nur die Richtung dieser Bewegung, nicht ihr Ziel, nur die Thatsache dieser Bewegung, nicht das Bewegende erkennbar ist; aber wird er sich dabei beruhigen, wird er nach dem tiefsten Bedürfniss des Geistes, dem, sich als Totalität zu empfinden und zu wissen, sich dabei beruhigen können, dass die eine Form der Empirie ihm ein Räthsel zeigt, welches die andere ihm nicht löst? wird er, nachdem er erkannt, dass da ein Problem, ein Räthsel ist, es für nicht vorhanden erklären, weil er es nicht lösen kann? nicht lösen kann, weil er es entweder als Charade oder als Logogriph, entweder als Silben- oder Buchstabenräthsel gelöst sehen will, während es ein Sinnräthsel ist? Wird man, weil von dem einen Standpunkt wissenschaftlicher Erkenntniss aus eine gewisse Seite des Allseins und Alllebens gar nicht sichtbar wird — eben die metaphysische Seite, die nach dem alten Spiel des Wortes hinter der physikalischen ist, — und weil von dem Standpunkt der andern aus nur wie perspectivisch ein wenig davon das Auge streift, wird man darum schliessen müssen, dass sie nicht vorhanden ist, diese dritte Seite, ausser in unserem Irrthum? wenn wir das Licht nicht mit den Händen greifen und mit den Ohren hören können, ist es darum nicht? ist nicht vielmehr darum „das Auge sonnenhaft", damit es das Licht fassend uns das wahrnehmbar mache, was wir mit den Händen nicht greifen und mit den Ohren nicht hören können?

Doch ich verfolge diese Fragen nicht weiter, da sie über den Gedankenkreis hinaus liegen, in dem sich Buckle's Versuch, eine Wissenschaftslehre der Geschichte zu begründen, bewegt. Die gegebenen Andeutungen werden hinreichend sein zu zeigen, dass er die Aufgabe, die er sich stellt, nicht so gefasst hat, wie nöthig war, um sie weiter zu führen, dass er weder ihren Umfang noch ihr Gewicht gewürdigt hat, eine Aufgabe, die, wie mir scheint, ausser der besonderen Bedeutung für unsere Studien noch eine andere allgemeinere hat und eben darum die Aufmerksamkeit der wissenschaftlichen Welt zu beschäftigen beginnt. Sie scheint dazu angethan, den Mittelpunkt der grossen Discussion zu werden, welche in dem Gesammtleben der Wissenschaften die nächste bedeutende Wendung bezeichnen wird. Denn die wachsende Entfremdung zwischen den exacten und speculativen Disciplinen, den täglich weiter klaffenden Zwiespalt zwischen der materialistischen und supranaturalistischen Weltanschauung wird Niemand für normal und wahr halten. Diese Gegensätze fordern eine Ausgleichung, und jene Aufgabe scheint die Stelle zu sein, in der sie erarbeitet werden muss. Denn die ethische Welt, die Welt der Geschichte, die ihr Problem ist, nimmt an beiden Sphären Theil; sie zeigt in jedem Act menschlichen Seins und Thuns, dass jener Gegensatz kein absoluter ist. Es ist das eigenthümliche Charisma der so glücklich unvollkommenen Menschennatur, dass sie, geistig und leiblich zugleich, sich ethisch verhalten muss; es giebt nichts Menschliches, das nicht in diesem Zwiespalt stünde, in diesem Doppelleben lebte; in jedem Augenblick versöhnt sich jener Gegensatz, um sich wieder zu erneuen, erneut er sich, um sich wieder zu versöhnen. Die ethische, die geschichtliche Welt verstehen wollen heisst vor Allem erkennen, dass sie weder nur doketisch, noch nur Stoffwechsel ist. Auch wissenschaftlich jene falsche Alternative überwinden, den Dualismus jener Methoden, jener Weltanschauungen, von denen jede die andere nur beherrschen oder negiren will, in derjenigen Methode versöhnen, die der ethischen, der geschichtlichen Welt entsprechend ist, sie zu der Weltanschauung zu entwickeln, die in der Wahrheit des menschlichen Seins, in dem Kosmos der sittlichen Mächte ihre Basis hat — das, so dünkt mich, ist der Kern der Aufgabe, um deren Lösung es sich handelt.

Natur und Geschichte.

Es ist hergebracht, den Ausdruck Geschichte auch auf die Natur anzuwenden. Man spricht von der Naturgeschichte, von der Entwickelungsgeschichte organischer Existenzen, von der Geschichte des Erdkörpers u. s. w. Und was war die Oken'sche, was ist die Darwin'sche Theorie anders als das Hervorkehren des wenn man will geschichtlichen Moments in dem Bereiche der organischen Natur.

Eben so fehlt es nicht an Versuchen, die Geschichte nach den für die Natur gefundenen Gesetzen, wenigstens nach der für die Naturwissenschaften ausgebildeten Methode zu behandeln, auch für die geschichtliche Welt geltend zu machen, dass vitale Erscheinungen auf physikalische Gesetze zurückführen, so viel sei als für die Wissenschaft eine neue Eroberung machen. Man hat die Gestaltungen und die Bewegung im Bereich des geschichtlichen Lebens als „organische Entwickelungen" bezeichnet; man hat ihre Gesetze durch statistischen Calcul begründet; ja man hat als einen besonders bedeutsamen Vorzug in diesen Bereichen die „Naturwüchsigkeit" zu nennen in Uebung gebracht.

Unsere Wissenschaft wird, wie jede andere, die Pflicht und das Recht haben, die Begriffe, mit denen sie zu thun hat, zu untersuchen und festzustellen. Wollte sie dieselben aus den Ergebnissen anderer Wissenschaften entnehmen, so würde sie sich Betrachtungsweisen fügen und unterordnen müssen, über welche sie keine Controle hat, vielleicht solchen, von denen sie ihre eigene Selbstständigkeit, ihre Berechtigung in Frage gestellt sieht; sie würde von daher vielleicht Definitionen des Wortes Wissenschaft erhalten, gegen die sie sich auflehnen müsste. Unsere Wissenschaft wird sich den sie angehenden Kreis von Begriffen auf ihre, d. h. auf empirische Weise zu suchen haben. Sie wird es versuchen dürfen, da ihre Methode wesentlich die des Verstehens ist, des Verstehens auch dessen, was die Sprache und der Sprachgebrauch in täglicher Uebung hat und ihrer Empirie darbietet.

Wir finden in unserer Sprache die Worte Natur und Geschichte. Und Jedermann wird einverstanden sein, dass sich mit dem Wort Geschichte sofort die Vorstellung eines Verlaufs, die Vorstellung des Zeitlichen verbindet. Von ewigen, d. h. zeitlosen Dingen, so weit wir Vorstellungen der Art fassen können, giebt es keine Geschichte; geschichtlich sind sie nur, erscheinen sie uns nur, sofern sie in das Zeitliche eintreten, sei es durch Offenbarung, oder in Wirkungen oder in dem ihnen zugekehrten Glauben endlicher, d. h. unter den Bedingungen der Zeitlichkeit stehenden Geister.

Diese sind „nach Gottes Ebenbild" Geist; aber Geist in die Bedingungen der Endlichkeit gestellt, d. h. dem Raum nach unzählige, der Zeit nach rastlos werdende. Die Gegenwart, die ihnen und der sie gehören, ist ein Analogon der Ewigkeit; denn die Ewigkeit, die wir nicht erfahrungsmässig kennen, die wir aus der Selbstgewissheit unseres geistigen Seins erschliessen, ist Gegenwart, wie wir sie haben, aber gedacht ohne die Schranke, in der wir sie haben, ohne den Wechsel des Kommens und Scheidens, ohne das Dunkel vorwärts und rückwärts.

Geist in die Endlichkeit gebannt, ist das menschliche Sein in unscheidbarer Weise geistig und sinnlich zugleich; ein Gegensatz, der sich in jedem Augenblick versöhnt, um sich wieder zu erneuen, und erneut, um sich wieder zu versöhnen. Unser Sein, so lange es gesund, wach, bei sich ist, vermag in keinem Moment nur sinnlich, nur geistig zu sein.

Ein Anderes ist es, dass die geistige Seite unseres Seins die Fähigkeit hat, bis zu einem gewissen Grade sich auf sich selbst zu richten, sich in sich selbst zu vertiefen, sich in sich und von sich aus, als wäre seine andere Seite nicht, weiter zu bewegen. Denkend, glaubend, schauend gewinnt der Geist so einen Inhalt, der in gewissem Sinn über die Schranken der Endlichkeit hinaus liegt. Er bleibt auch dann noch in diese Endlichkeit, in die Vorstellungsformen, die er von ihr her gewonnen und entwickelt hat, gebannt; aber nur noch mit den Fussspitzen berührt er die Erde.

Wie nun, wenn sich die gleiche Sammlung und Kraft des Geistes der anderen Seite seines doppelgestaltigen Seins zuwendet? Ich meine nicht das praktische Wollen und Thun des Menschen. Sein theoretisches Verhalten, sein Forschen und Erkennen nach jenen Richtungen hin wird dadurch bedingt sein, dass die sinnliche Seite seines Daseins ihm nicht bloss das bunte Treiben der sinnlich wahrnehmbaren Einzelheiten wie einem unbewegten und ungetrübten Spiegel zuführt, sondern dass er, mit ihr und durch sie, selbst inmitten dieser ihn umgebenden und umfluthenden Endlichkeiten steht, von ihnen bedingt, bewegt, mit umgetrieben wird, dass er selbst in dem rastlosen Staubwirbel dieser rastlos wechselnden Endlichkeiten wie ein mit umgetriebenes Atom sein würde, wenn er nicht kraft seines geistigen Wesens die Fähigkeit hätte, in ihnen wie ein fester Punkt zu sein, wenigstens sich in sich selbst als solchen zu empfinden, zu fassen, zu wissen, denkend und wollend, mit Bewusstsein und Selbstbestimmung in wie eng umgrenzter Bahn immer sich zu bewegen, beobachtend, berechnend, begreifend der Dinge draussen Herr zu werden.

Dass das kleine und dürftige Menschenwesen diese Kraft des Herrseins hat und übt, ist zu allen Zeiten das Räthsel der Contemplation gewesen. Mit naivem Tiefsinn sagt die Genesis: „als Gott gemacht hatte allerlei Thiere auf dem Felde und allerlei Vögel unter dem Himmel, brachte er sie vor den Menschen, dass er sähe wie er sie nennete; denn wie der Mensch sie nennen würde, so sollten sie heissen." Die Benennung war der Anfang, der Dinge Herr zu werden. Mit dem Namen war jedem Geschaffenen, Seienden ein Zeichen, ein geistiges Gegenbild geschaffen; sie waren nicht mehr bloss in der Welt äusserlicher Existenz, sie waren in die Vorstellung, in die Geistigkeit des mitten unter ihnen lebenden Menschenwesens versetzt. Sie behielten jedes den gegebenen Namen, wenn auch die Erscheinungsform für den einmal gegebenen Namen durch Ernährung oder Erschöpfung, durch Wiederholung in der Fortpflanzung, in je anderen Thätigkeiten anders sich darstellend, noch so mannigfach wechseln mochte. Der Name war gleichsam die dauernde und unterscheidende Wesenheit der rastlos wechselnden Erscheinungen; der Name fasste das im Wechsel Gleiche auf und behielt es als das Wesentliche fest.

Objectiv oder richtiger thatsächlich und äusserlich sind die unter gleichem Namen subsumirten Erscheinungen in tausendfacher Veränderlichkeit, Vielheit, Verschiedenartigkeit vorhanden; aber dies wüste Vielerlei beherrscht der Geist, indem er das in gewisser Weise, im Wesentlichen, für die Vorstellung Gleiche nach dieser seiner Gleichheit zusammenfasst. Objectiv oder vielmehr äusserlicher Weise sind nur zahllose Einzelheiten in zahllosen Berührungen und Trennungen, in rastlosem Wechsel; aber in der Vorstellung des Menschengeistes stehn sie nach ihren Gleichheiten, Beziehungen, Verhältnissen fixirt und classificirt da, die geordneten Zeichen und Gegenbilder der chaotisch uns umfluthenden Endlichkeiten, der wirren Vielheit wechselnder und schwankender Erscheinungen. Und diese Welt von Namen und Begriffen ist dem Geist das Gegenbild der Welt draussen, ist für uns deren Wahrheit.

So vereinfachend, scheidend und combinirend, ordnend und unterordnend, so der wirren Welt der Endlichkeiten gegenüber einen Kosmos von Vorstellungen und Begriffen in sich schaffend, macht sich der menschliche Geist, sprechend und denkend, theoretisch zum Meister der Endlichkeiten, in denen und deren Wechseln sein Zeitliches selbst steht; und zwar jeder Mensch von Neuem, jeder ist ein neuer Anfang, ein neues Ich-werden.

Er wird dadurch, dass er lernt sich als Totalität in sich zu fühlen und zu fassen, dass er Alles, was sich zu ihm, wozu er sich verhält, wie eng oder weit dessen Bereich sein mag, als geschlossenen Kreis um sich als Mittelpunkt sieht und denkt und so viel an ihm ist gestaltet. Er kann es mit jener Gabe, die Einzelheiten nach ihrer Wesenheit zusammenzufassen, mit jener rastlos arbeitenden Gabe des Vereinfachens und Verallgemeinerns, des Scheidens und Combinirens, kraft deren er immer weitere Strecken umfasst, in die Vorstellung aufnimmt, seinem Geist gleichsam einbildet. Die Rose — Ein Wort für zahllose Einzelheiten

— unterscheidet er von der Nelke: aber das in ihnen Gleiche auffassend nennt er sie Blumen; sie sind ihm wie die Sträuche, die Gräser Pflanzen; die Pflanzen sieht er sehr verschieden vom Thier, aber sie entstehen, wachsen, vergehen beide in ähnlicher Art: dies ihr Leben unterscheidet ihm die organische Welt von Stein und Meer und Flamme u. s. w. Es sind immer umfassendere Formen, immer allgemeinere Begriffe, die er so entwickelt und anwendet.

Die letzten und allgemeinsten nach der Seite der sinnlichen Wahrnehmbarkeiten hin sind Natur und Geschichte. Sie fassen die Erscheinungswelt zusammen unter die zwei allgemeinsten Vorstellungen, denen, wenn auch vielleicht nicht mit Recht, der Vorzug zu Theil geworden ist, als Anschauungen a priori bezeichnet zu werden.

Die Totalität der Erscheinungen sind wir sicher zu umfassen, wenn wir sie uns nach Raum und Zeit geordnet denken, wenn wir sagen Natur und Geschichte.

Freilich wissen wir sofort, dass Alles, was im Raum ist, auch in der Zeit ist, und umgekehrt. Die Dinge der empirischen Welt sind nicht entweder dem Raum nach oder der Zeit nach; aber wir fassen sie so auf, je nachdem uns das eine oder das andere Moment zu überwiegen scheint, je nachdem wir das eine oder das andere als das wichtigere, bezeichnendere, wesentliche hervorzuheben Anlass sehen.

Freilich viel gesagt ist mit dieser Begriffsbestimmung des Wortes Geschichte nicht, wenn wir nicht im Stande sind, dieselbe in sich zu vertiefen.

Raum und Zeit sind die weitesten, d. h. leersten Vorstellungen unseres Geistes. Einen Inhalt bekommen sie erst in dem Maass, als wir sie durch das Nacheinander und Nebeneinander bestimmen, das will sagen, die Einzelheiten unterscheiden, — nicht bloss sagen, dass sie sind, sondern was sie sind.

Dass diese Erscheinungen, die wir summarisch als Geschichte, als Natur zusammenfassen, an sich noch andere Bestimmungen, andere Prädicate haben als die, in Zeit und Raum zu sein, d. h. dass sie im Raum, in der Zeit unterschieden sind, wissen wir dadurch, dass wir selbst unserer sinnlichen Existenz nach mitten unter ihnen stehen, von ihnen bestimmt werden, zu ihnen uns anders und anders verhalten, d. h. wissen wir empirisch. Ohne diese Empirie würde uns Raum und Zeit ein leeres x, würde uns die Welt der Erscheinung ein Chaos bleiben. Erst indem wir mitten unter ihnen stehend uns von ihnen, sie von uns unterscheiden, uns mit den verschiedenen Seiten und Erregbarkeiten unserer sinnlichen Existenz unter anderen und anderen Exponenten zu ihnen verhalten, und nach diesen Exponenten sie unter sich selbst unterscheiden und vergleichen, erst in unserm Ich, durch unser Erkennen, in unserm Wissen erhält das in Raum und Zeit Seiende weitere Benennungen, weitere Bestimmtheiten; erst so entwickeln sich uns die leeren Allgemeinheiten Raum und Zeit, die leeren Zusammenfassungen Natur und Geschichte zu discretem Inhalt, zu bestimmten Vorstellungsreihen, zum Nebeneinander und Nacheinander der Einzelheiten.

Raum und Zeit unterscheiden sich wie Ruhe und Rastlosigkeit, wie Lässigkeit und Eile, wie Gebundenheit und Lossein. Es sind Gegensätze, aber immer mit einander verbundene; sie sind untrennbar, aber immer mit einander ringend. Denn Alles ist in Bewegung. Das Selbstgefühl unseres Lebens, unseres geistigen und sinnlichen Seins, das, selbst so in sich polarisirt, weder bloss sinnlich oder bloss geistig, noch abwechselnd das eine oder andere, sondern das lebendige Einssein des Zwiespaltes ist, giebt uns den Begriff der Bewegung und seiner Momente Raum und Zeit. Unbewegt wäre uns die Welt der Erscheinungen unfassbar; ohne Bewegung in uns selbst wären wir ausser Stande sie zu erfassen. Dass die Welt draussen bewegt ist, wie wir in uns, lässt sie uns unter der Analogie dessen, was in uns selber vorgeht, begreifen.

Wir wissen freilich, dass in der Bewegung Raum und Zeit immer vereint sind, dass die Zeit gleichsam den trägen Raum in immer neuer Bewegung zu überwinden, die Bewegung immer wieder aus der Ungeduld der Zeit in die Ruhe des Seins zurückzusinken und sich auszubreiten strebt. Wie kommt nun die menschliche Betrachtung dazu, gewisse Erscheinungsreihen in dem rastlos bewegten Sein der Dinge mehr nach der zeitlichen, andere mehr nach der räumlichen Seite zu betrachten, die einen als Natur, die anderen als Geschichte zusammenzufassen?

Allerdings sehen wir ringsumher stete Bewegung, steten

Wechsel. Aber wir unterscheiden gewisse Erscheinungen, in denen das Zeitliche zurücktritt, in denen es gleichsam nur vorübergehend erscheint, um in sich selbst zurückzusinken; Erscheinungen, die sich im Wesentlichen wiederholen, in denen sich also die unendliche Reihe Zeit zerlegt in gleiche sich wiederholende Kreise (Perioden), so dass eine solche Gestaltung als „nicht der Zahl nach eins, aber der Art nach eins" erscheint. In solchen Erscheinungen fasst der Geist das Stetige, das, an dem sich die Bewegung vollzieht, das im Wechsel Gleiche, auf: die Regel, das Gesetz, den Stoff, die Raumerfüllung u. s. w. Denn die Formen wiederholen sich hier, und das Einerlei ihrer periodischen Wiederkehr setzt das Zeitliche ihrer Bewegung zu einem secundären Moment herab; nicht für ihr Sein, sondern für unsere Auffassung und Verständniss. Wir gewinnen für die allgemeine Vorstellung Raum so ihren discreten Inhalt, und dieser ist es, der von uns mit der Bezeichnung Natur zusammengefasst wird.

In anderen Erscheinungen hebt unser Geist das im Gleichen Wechselnde hervor. Denn er bemerkt, dass sich da in der Bewegung immer neue Formen gestalten, so neue und so bedingende Formungen, dass das Stoffliche, an dem sie erscheinen, als ein secundäres Moment erscheint, während jede neue Form eine individuell andere ist; und zwar so eine andere, dass jede, der früheren sich anreihend, durch sie bedingt ist, aus ihr werdend sie ideell in sich aufnimmt, aus ihr geworden sie ideell in sich enthält und bewahrt. Es ist eine Continuität, in der jedes Frühere sich in dem Späteren fortsetzt, ergänzt, erweitert ($\dot{\epsilon}\pi i\delta o\sigma\iota\varsigma$ $\epsilon i\varsigma$ $\alpha\dot{\upsilon}\tau\dot{o}$), jedes Spätere sich als Ergebniss, Erfüllung, Steigerung des Früheren darstellt. Es ist nicht die Continuität eines in sich zurückkehrenden Kreises, einer sich wiederholenden Periode, sondern die einer unendlichen Reihe, und zwar so, dass in jedem Neuen schon ein weiteres Neues keimt und sich herausarbeiten wird. Denn in jedem Neuem ist die ganze Reihe durchlebter Formen ideell summirt und jede der durchlebten Formen erscheint als ein Moment, als ein jeweiliger Ausdruck in der werdenden Summe. In diesem rastlosen Nacheinander, in dieser sich in sich selbst steigernden Continuität gewinnt die allgemeine Vorstellung Zeit ihren discreten Inhalt, der von uns mit dem Ausdruck Geschichte zusammengefasst wird.

Auch diejenigen Erscheinungen, die wir mit dem Ausdruck Natur zusammenfassen, sind in individuellen Formen da und unterscheiden sich von einander, wenn wir sie auch als gleichartig und gleich auffassen. Aus jedem Weizenkorn erwächst, wenn es nicht durch anderweitige Verwendung seinem periodischen Leben (Keimung, Halmbildung, Blüthe, Fruchtreifung) entzogen wird, ein individuell anderer Halm, eine neue Generation von Körnern. Die Eichen in demselben Walde, jede wie die andere aus den Eicheln vielleicht derselben Muttereiche erwachsen, sind individuell verschieden nicht bloss dem Raume nach, sondern nach Alter, Grösse, Verästung, Gruppirung der Laubmassen u. s. w. Wir nehmen die Unterschiede wohl wahr, aber sie erscheinen uns nicht als wesentlich; wissenschaftlich wie praktisch ist uns ihre Individualität gleichgültig: für diese Art Existenzen hat unser Geist kein Verständniss ihres individuellen Seins, wir haben für diese Art Individuen keinen anderen Namen als den ihrer Gattung. Wir sehen wohl, dass sie sich verändern; aber in der nur periodischen Wiederkehr ihres Wechsels haben sie uns keine Geschichte. Wir unterscheiden die einzelnen wohl, aber ihre Unterschiede zeigen uns keine Folgereihe sich in sich selbst steigernder Formungen. Wir fassen sie dem Raum, dem Stoff, dem im Wechsel Gleichen, dem in der Vielheit sich wiederholenden Einerlei nach auf; denn nur in diesen Beziehungen hat unser Geist Kategorien für sie, nur nach diesen Kategorien können wir sie fassen und verstehen, können wir uns praktisch und theoretisch zu ihnen verhalten. Und diesen unseren Auffassungen gemäss brauchen und verbrauchen wir sie; wir nehmen sie für das, was sie uns sind. Wir säen diese Weizenkörner, pflegen diese Eichen, um sie ihrer Zeit zu tödten und als das, was sie uns sind, als brennbaren Stoff, als mehlhaltige Frucht zu verbrauchen; wir züchten diese Thiere, um ihnen täglich die für ihre Jungen sich erzeugende Milch zu rauben, sie schliesslich zu schlachten u. s. w. Unermüdlich beobachten und forschen wir, das Seiende seinen Stoffen, Kräften, Gesetzen nach zu erkennen, um es nach den Kategorien, unter denen wir es fassen und begreifen können, für unsere Zwecke zu verwenden; es ist uns nur Material; in seinen individuellen Erscheinungen ist es uns verschlossen, unverständlich, gleichgültig.

Und wenn wir den Fruchtbaum pfropfend, Thiere züchtend,

Racen kreuzend gleichsam Vorsehung spielen, um edlere Erzeugungen zu veranlassen, so ist es unsere List und Berechnung, nicht das individuelle Verständniss, das uns solches Ergebniss bringt. Wenn wir chemisch Körper zerlegen oder verbinden, wenn wir physikalisch sie so oder so behandeln, gewisse in ihnen vorhandene Functionen zu isoliren, um diese zu beobachten oder wirken zu lassen, so suchen und finden wir nicht, was individuell diesem Stein, dieser Flamme, dieser schwingenden Saite eigen ist, sondern allen gleichartigen. Und wenn wir die jeweiligen Formen, welche die Thier- oder Pflanzenwelt, die Landschaft uns bietet, etwa in ästhetischer Weise uns aneignen und verwenden, so wissen wir wohl, dass es nicht die Individualität dieses Stückes Erdoberfläche, dieses Baumes oder Thieres ist, die wir damit verstanden und dargestellt haben wollen, sondern dass wir in sie etwas hineinlegen, was nicht in ihnen ist, so nicht in ihnen ist, dass sie uns nur als Ausdruck unseres Empfindens oder Denkens dienen, dass wir sie so zu sagen anthropomorphisiren; wie in Dante's Fegefeuer das ekelhafte Bild der Lust unter dem glühenden Blick des sie in Begier Anschauenden ein in Schönheit blühendes Weib wird.

Auch in dem Bereich derjenigen Erscheinungen, die wir als Geschichte zusammenfassen, in dem Bereich der sittlichen Welt giebt es Elemente, die messbar, wägbar, berechenbar sind. Aber am wenigsten diese materiellen Bedingungen erschöpfen das Leben der sittlichen Welt, reichen aus, sie zu erklären; und wer sie damit erklären zu können meint, verliert oder verläugnet das hier Wesentliche. Nicht der Trieb der Begattung erschöpft oder erklärt die sittliche Macht der Ehe; die gemeinsame Erinnerung des gemeinsam Durchlebten, die gemeinsamen Hoffnungen und Sorgen, Verluste und Erfüllungen erneuen auch den alternden Gatten noch die Innigkeit ihres ersten Glückes; ihnen hat ihre Ehe eine Geschichte, und in dieser Geschichte hat sich ihnen die sittliche Macht der Ehe begründet, gerechtfertigt, erfüllt.

In dem Bereich der sittlichen Welt ist allerdings nichts, das nicht unmittelbar oder mittelbar materiell bedingt wäre. Aber diese materiellen Bedingnisse sind weder die einzigen noch die einzig maassgebenden; und es ist der Adel des sittlichen Seins, sie nicht etwa zu missachten und zu verläugnen, wohl aber sie zu durchleuchten und zu vergeistigen. Denn so, in der Berührung der Geister, in ihrer Arbeit aneinander und miteinander, in ihrem rastlosen Triebe zu formen, zu verstehen und verstanden zu werden, wird diese wunderbare Schicht geistigen Seins, die, immer und immer die natürliche Welt berührend und doch los von ihr, das Erdrund umfluthet, und deren Bestandtheile Vorstellungen, Gedanken, Leidenschaften, Irrthümer, Schuld u. s. w. sind.

Man denkt nicht zu gering von der sittlichen Welt, wenn man ihren Gestaltungen diese rastlos fluthende und schwellende Schicht geistigen Seins als ihre Stätte, ihren Boden, als die so zu sagen plastische Masse ihres Gestaltens zuschreibt. Und sie sind wahrlich darum nicht von geringerer Realität, von minder objectiver Macht, weil sie wesentlich nur im Geist und Herzen der Menschen, in ihrem Wissen und Gewissen lebendig sind, den Körper und das Körperliche nur zu ihrem Ausdruck und Abdruck verwenden.

Freilich nur in diesen Ausdrücken und Abdrücken werden sie vernehmbar, verstehbar, erforschbar. Sie sind nicht bloss dazu da, dass die historische Methode auf sie angewendet werde; sie können, auch wissenschaftlich, noch nach anderen Gesichtspunkten als dem historischen betrachtet werden. Aber wie sie sind, sind sie geworden; und aus ihrem Sein ihr Werden zu erschliessen, aus ihrem Werden ihr Sein zu verstehen, ist das Wesen der historischen Methode.

Zum Schluss noch eine Bemerkung zur Abwehr. Es fällt Niemanden ein, der Physik den Namen der Wissenschaft zu bestreiten oder an ihren wissenschaftlichen Ergebnissen zu zweifeln, obschon sie nicht die Natur, sondern eine Betrachtungsweise der Natur ist, oder der Mathematik daraus einen Vorwurf zu machen, dass ihr ganzes stolzes Gebäude nur innerhalb des wissenden Geistes steht. Unsere kluge Sprache bildet aus dem Participium des Wortes „wissen" die Bezeichnung dessen, was „gewiss" ist: sie nennt nicht das äusserliche und sogenannte objective Sein der Dinge gewiss, sondern das gewusste Seiende, das gewusste Geschehene. Nicht was in sinnlicher Wahrnehmbarkeit an uns herantritt, ist unserer Sprache nach wahr; es giebt sich nicht als wahr, sondern wir nehmen es wahr, und machen es durch unser Wissen gewiss.

Unser Wahrnehmen, unser Wissen; es läge darin der bedenklichste Subjectivismus, wenn die Menschenwelt aus Atomen bestände, deren jedes seine Spanne Raum und Zeit erfüllte, zusammenhanglos wie begonnen so zerronnen, — aus atomistischen Menschen, wie der gerupfte Hahn des alten Philosophen sie exemplificirt und wie sie der moderne Radicalismus zum Ausgangspunkt seiner Menschenrechte, der moderne Materialismus und Nihilismus zur Basis seiner „Sociologie" nimmt. Auch nicht geboren werden, geschweige denn gepflegt, auferzogen, zum Menschen werden könnte der Einzelne als solcher. Von dem Moment seiner Geburt, seiner Empfängniss an steht er in den sittlichen Gemeinsamkeiten, in dieser Familie, diesem Volk, Staat, Glauben oder Unglauben u. s. w. und was er leiblich und geistig ist und hat, empfängt er zunächst aus ihnen und durch sie.

Man sieht, die Skepsis dieser Betrachtungen wendet sich nicht gegen die Realität der natürlichen Welt, noch weniger gegen die Thatsächlichkeit der geschichtlichen, der sittlichen Gestaltungen. Uns ist die Natur nicht ein „Gehirnphänomen", noch weniger die sittliche Welt die fadenscheinige „Bejahung des Willens zum Leben".

Praktisch leben und handeln wir in dem zuversichtlichen Selbstgefühl unseres Ich-seins, in der unmittelbaren Empfindung der Totalität, innerhalb deren wir stehen. Es sind dies die beiden Momente, die sich aus der Art unseres Seins, das geistig und sinnlich zugleich ist, ergeben.

Auf dieser unmittelbaren Gewissheit unserer Selbstempfindung, unserer Weltempfindung, auf diesem Glauben, wie hoch oder niedrig der gefundene Ausdruck für seinen letzten Grund, für sein höchstes Ziel sein mag, ruht unser menschliches Sein und Thun. Dies Unmittelbare haben wir; die „Wahrheit" suchen, erarbeiten wir; und mit unserem Suchen und Arbeiten erwächst, vertieft sie sich uns. In dem Bedürfniss unseres Ich-seins oder Ich-werdens — und es ist mit dem ersten gesprochenen Wort da und unhemmbar — liegt der Drang, das Empfundene und Geglaubte uns zum Bewusstsein zu bringen, es zu begreifen, es gleichsam abzulösen von der Nabelschnur, mit der es an den Unmittelbarkeiten haftet, es in die Kategorien unseres Denkens einzuordnen; Kategorien, die sich zu der unmittelbar empfundenen Totalität der Wirklichkeiten und unseres Ich-seins in ihnen verhalten wie das Vieleck zum Kreise: noch so vielseitig und kreisähnlich, bleibt es eckig und geradlinig: Kreis und Vieleck hören nicht auf, gegen einander incommensurabel zu sein.

Es ist der irregeleitete Stolz des menschlichen Geistes, den Kreisen des unmittelbar Empfundenen seine eckigen Constructionen als ihre Norm oder Beglaubigung zu unterstellen, während sie nur Versuch auf Versuch sind, jene annähernd zu umschreiben, — die sphärischen Linien des Glaubens zu negiren, weil unser Denken mit seinen geradlinigen Constructionen sie nicht erschöpfen kann, — so wenig erschöpfen kann, wie jener Augustinische Knabe am Meeresrand in die Grube, die er in den Sand gegraben, so eifrig er mit seiner Schaale schöpfen mochte, das Wasser des Meeres hinüberzugiessen im Stande war.

Kunst und Methode.

Es ist gedichtet worden, ehe es eine Poetik, gesprochen worden, ehe es eine Grammatik und Rhetorik gab. Und das praktische Bedürfniss hat Stoffe zu mischen und zu zerlegen, Naturkräfte zu menschlichen Zwecken zu verwenden gelehrt, bevor Chemie und Physik die Natur methodisch erforscht und ihre Gesetze in wissenschaftlicher Form ausgesprochen haben.

Auch die Erinnerungen gehören zum eigensten Wesen und Bedürfniss der Menschheit. Wie enge oder weite Kreise sie umfassen mögen, sie fehlen den Menschen nie und nirgend; höchst persönlich, wie sie zunächst erscheinen, sind sie ein Band zwischen den Seelen, die sich in ihnen begegnen. Keine menschliche Gemeinschaft ist ohne sie; jede hat in ihrem Gewordensein, ihrer Geschichte das Bild ihres Seins. — einen Gemeinbesitz der Betheiligten, der ihre Gemeinschaft nur um so fester und inniger macht.

Begreiflich, dass hochbegabten Völkern sich ihre Erinnerungen in der Sage verschönen und zu Typen, zum Ausdruck der Ideale werden, auf die der Volksgeist gerichtet ist. Begreiflich auch, dass sich ihnen ihr Glaube in der Form heiliger Geschichten, die seinen Inhalt als ein Geschehniss veranschaulichen, rechtfertigt, und dass solche Mythen mit der Sage zusammenwachsen. Nur dass sie, wenn sich diese rastlos lebendige Verschmelzung, endlich gesättigt, in grossen epischen Gestaltungen abschliesst, nicht mehr den naiven Glauben allein angehören wollen.

Mit der Sammlung und Sichtung solcher Mythen und Sagen hat die früheste Historie, die der Griechen, begonnen. — erste Versuche, Ordnung, Zusammenhang, Uebereinstimmung, ein chronologisches System in diesen Urwald von Ueberlieferungen zu bringen, erste Versuche wirklicher Forschung.

Von den Griechen her datirt die Continuität der Wissenschaften; fast alle, die noch heute die Geister beschäftigen, haben dort ihre Anfänge; namentlich das Gebiet, das man wohl als das der moralischen Wissenschaften bezeichnet, ist mit Vorliebe von ihnen bestellt worden. Aber neben der Ethik, Politik, Oekonomik u. s. w. haben sie keine Historik.

Dass nach der genialen Historiographie der Marathonischen, der Perikleischen Zeit, deren letzter Repräsentant Thukydides ist, Isokrates und nicht Aristoteles eine historische Schule bildete, hat die Historie in Bahnen gebracht, von denen Polybius sich vergebens bemüht hat sie zurückzuführen. Sie wurde und bei den Römern blieb sie, soweit nicht die Philologie sich ihrer bemächtigte, ein Theil der Rhetorik, der „schönen Literatur". Und zwischen beiden, der Philologie und der Rhetorik, gingen die Aufzeichnungen zu praktischen Zwecken, die encyclopädischen und Schulbücher mit eingeschlossen, allmählich bis zur armseligsten Dürftigkeit hinab.

Weniger noch als in der Historiographie des sinkenden Alterthums wird man in der des Mittelalters neue Triebe wissenschaftlichen Geistes entdecken wollen, wenn man nicht den theologisch-constructiven, der hier und da durchklingt, dafür will gelten lassen. Wohl aber hat der und jener Historiker der Karolinger-, der Ottonenzeit sich seine stylistischen Muster bei den Alten gesucht und seine Helden mit ihren rhetorischen Floskeln geschmückt.

Und wieder, als im ausgehenden Mittelalter der erneute Kampf gegen das Papstthum und die Hierarchie auch die historische Forschung als Waffe ergriff, und den Untersuchungen über die angebliche Schenkung des Constantin historisch-kritische Angriffe auf die falschen Traditionen, die schriftwidrigen Institutionen, die canonischen Anmassungen der Kirche Schlag auf Schlag folgten, selbst da gewann über diese bedeutenden wissenschaftlichen Anläufe die Rhetorik zunächst in Italien rasch wieder den Vorsprung; und den letzten grossartigen Versuch auf deutscher Seite, die gewonnenen Kenntnisse und Uebungen wissenschaftlich zusammenzufassen, — den Sebastian Franck's — übertäubte der Lärm des schon dogmatistischen Haders der Bekenntnisse.

Erst seit die Naturwissenschaften sicher und ihres Weges bewusst sich ihre Methode begründeten und damit einen neuen Anfang gewannen, tauchte der Gedanke auf, auch der ἀμέθοδος ὕλη der Geschichte eine methodische Seite abzugewinnen. Der Zeit Galilei's und Bacon's gehört Jean Bodin an, der von Huygens und Newton Pufendorff und der nach allen Richtungen zugleich bahnbrechende Leibniz. Dann ergriff die englische Aufklärung — wenn es erlaubt ist, die Zeit der sogenannten Deïsten so zu bezeichnen — auch diese Frage; dort zuerst versuchte man unsere Wissenschaft nach ihren Aufgaben oder Gebieten zu gliedern; man sprach von Weltgeschichte, Geschichte der Menschheit, Universalgeschichte, Staaten- und Völkergeschichte u. s. w. Voltaire, der Schüler und Fortsetzer dieser englischen Richtung, warf den blendenden Namen „philosophie de l'histoire" mit hinein. Die Göttinger historische Schule entwickelte eine Art Systematik der neugeschaffenen Wissenschaften und Hülfswissenschaften und begann auch die entlegeneren Disciplinen mit dem Geist dieses Systems zu erfüllen. Und während mehr als Einer von den grossen Dichtern und Denkern unserer Nation sich in die theoretische Frage des historischen Erkennens versenkte, entwickelte sich im historischen Arbeiten und Untersuchen selbst eine Schärfe und Sicherheit der Kritik, die, auf welches Gebiet der Geschichte sie sich wenden mochte, völlig neue und überraschende Ergebnisse brachte. In dieser historischen Kritik eilte seit Niebuhr unsere Nation den anderen voraus; und es brauchte, so schien es, die in so glänzenden Arbeiten bewährte Art oder Technik des Forschens nur in allgemeinen und theoretischen Sätzen ausgesprochen zu werden, um als die historische Methode zu gelten.

Freilich dem grossen Publikum war mit dieser Richtung unserer Historie nicht eben gedient; es wollte lesen, nicht studiren: es beklagte sich, dass man ihm die Zubereitung der Speise statt der Speise biete; es nannte wohl die deutsche Art der Historie pedantisch, ausschliesslich, ungeniessbar; wie viel bequemer als diese gelehrten und mühsamen Forschungen liessen sich die Essays Macaulay's lesen, wie ergriffen die Erzählungen von der französischen Revolution in Thiers' glänzender Schilderung. So hat es geschehen können, dass nicht bloss der historische Geschmack, sondern das historische und damit zum nicht geringen Theil das politische

Urtheil in Deutschland drei, vier Jahrzehnte lang von der fremden Historiographie gebildet und geleitet, von ihrer rhetorischen Ueberlegenheit beherrscht wurde.

Und noch mehr: indem solche rhetorische Kunst die Wucht ungeheurer Ereignisse, die schwierigen Verwickelungen, in denen sich grosse Ereignisse zu vollziehen oder doch vorzubereiten pflegen, die Greuel entfesselter Leidenschaften oder fanatischer Unterdrückungen zu einem künstlerisch wohl abgetönten Bilde, zu einer spannenden und dramatisch wirkenden Lectüre verwandelt, ist sie gewiss, um so fasslicher und überzeugender zu sein. Sie hat das Mittel gefunden, auch den minder kundigen Leser mit Dingen vertraut zu machen, welche in ihrem wirklichen Verlauf von dem Mitlebenden, der sie auch nur einigermassen verstehen wollte, tausend Vorkenntnisse, viele Erfahrung, ein ruhiges und gesammeltes Urtheil forderten; das Alles weiss die historische Kunst auf die erfreulichste Weise zu ersetzen, also dass der aufmerksame Leser, wenn er seinen Thiers oder Macaulay zu Ende gelesen, sich um die grossen Erfahrungen dieser Revolutionen, dieser Parteikämpfe, dieser Verfassungsentwickelungen reicher glauben darf: — um Erfahrungen freilich, denen das Beste von dem fehlt, was die Erfahrungen fruchtbar macht, der Ernst der schwer arbeitenden Wirklichkeiten, die Verantwortlichkeit des unausweichlichen Entschlusses, die Opfer, die auch der Sieg fordert, das Misslingen, das auch die gerechte Sache unter die Füsse wirft. Die Kunst des Historikers überhebt den Leser, an solche Nebendinge zu denken; sie erfüllt seine Phantasie mit Vorstellungen und Anschauungen, die von der breiten, harten, zäh langsamen Wirklichkeit nur die glänzend beleuchteten Spitzen zusammenfassen; sie überzeugt ihn, dass diese die Summe der Einzelheiten und das Wahre der Wirklichkeiten sind. Sie hilft an ihrem Theil an jenem unermesslichen Einfluss arbeiten, den die Meinung der Menschen übt, indem sie an ihren Ideen die Wirklichkeit messen und von dieser fordern, dass sie sich nach jenen gestalte oder umgestalte, — um so ungeduldiger fordern, je leichter sie sich solche Umkehr der Dinge zu denken gewöhnt sind.

Auch wir in Deutschland rühmen uns bereits einer historischen Literatur, die dem populären Bedürfniss entspricht; auch bei uns ist die Einsicht gewonnen oder das Zugeständniss gemacht, dass

„die Historie Kunst und Wissenschaft zugleich sei". Nur dass damit die methodische Frage — um diese handelt es sich uns — von Neuem ins Unklare geräth.

Wie verhalten sich in unseren Arbeiten Kunst und Wissenschaft zu einander? ist etwa „mit Kritik und Gelehrsamkeit" der wissenschaftlichen Seite der Historie genug gethan? ist, was sonst noch dem Historiker zu thun übrig bleibt, der Kunst zustehend? sollten wirklich die Studien, die der Historiker zu machen hat, keinen andern Zweck haben, als ein oder das andere Buch zu schreiben? keine andere Verwendung haben, als belehrend zu unterhalten und unterhaltend zu belehren?

Es wäre nicht ohne Interesse, zu untersuchen, welchen inneren Grund es hat, dass von allen Wissenschaften allein der Historie das zweideutige Glück geworden ist, zugleich auch Kunst sein zu sollen; ein Glück, das nicht einmal die Philosophie trotz der Platonischen Dialoge mit ihr theilt.

Fassen wir eine andere Seite der Frage auf. In künstlerischen Arbeiten geht — nach einer alten Ausdrucksweise — das Technische und Musische Hand in Hand. Zum Wesen der Kunst gehört es, dass sie in ihren Hervorbringungen die Mängel, die durch ihre Mittel bedingt sind, vergessen macht; und sie kann es in dem Maasse, als die Idee, der sie in diesen Formen, an diesen Stoffen, mit dieser Technik Ausdruck geben will, diese belebt und durchleuchtet. Das so Geschaffene ist eine Totalität, eine Welt in sich; das Musische hat die Macht, in diesem Ausdruck den Schauenden oder Hörenden voll und ausschliesslich empfangen und empfinden zu lassen, was es so hat ausdrücken wollen.

Anders die Wissenschaften. Vor Allen die empirischen haben keine strengere Pflicht, als die Lücken festzustellen, die in den Objecten ihrer Empirie bedingt sind, die Fehler zu controliren, die sich aus ihrer Technik ergeben, die Tragweite der Methoden zu untersuchen, die nur innerhalb der ihnen wesentlichen Schranken richtige Resultate ergeben können.

Vielleicht das grösste Verdienst der kritischen Schule in unserer Wissenschaft, wenigstens das in methodischer Hinsicht bedeutendste ist, die Einsicht durchgesetzt zu haben, dass die Grundlage unserer Studien die Prüfung der „Quellen" ist, aus denen wir schöpfen. Es ist damit das Verhältniss der Historie zu den Vergangenheiten auf den wissenschaftlich maassgebenden Punkt gestellt. Diese kritische Ansicht, dass uns die Vergangenheiten nicht mehr unmittelbar, sondern nur in vermittelter Weise vorliegen, dass wir nicht „objectiv" die Vergangenheiten, sondern nur aus den „Quellen" eine Auffassung, eine Anschauung, ein Gegenbild von ihnen herstellen können, dass die so gewinnbaren und gewonnenen Auffassungen und Anschauungen Alles sind, was uns von der Vergangenheit zu wissen möglich ist, dass also „die Geschichte" nicht äusserlich und realistisch, sondern nur so vermittelt, so erforscht und so gewusst da ist, — das muss, so scheint es, der Ausgangspunkt sein, wenn man aufhören will in der Historie zu naturalisiren.

Was uns zur Erforschung vorliegt, sind nicht die Vergangenheiten, sondern theils **Ueberreste** aus ihnen, theils **Auffassungen** von ihnen; Ueberreste, die nur für die historische Betrachtung Ueberreste sind, in der That aber inmitten der Gegenwart stehen: manche, trümmerhaft und verwittert wie sie sind, sofort daran erinnernd, dass sie einst anders, lebendiger, bedeutsamer waren, als sie jetzt sind; andere umgeformt und noch in lebendig praktischer Verwendung; andere auch wohl bis zur Unkenntlichkeit verändert und eingeschmolzen in das Sein und Leben der Gegenwart; ja diese selbst ist nichts anderes als die Summe aller Reste und Ergebnisse der Vergangenheit. Sodann Auffassungen dessen, was war und geschah, nicht immer von Nahestehenden, Kundigen oder Unbetheiligten, oft Auffassungen von Auffassungen aus dritter, vierter Hand; und selbst wenn Nahestehende berichten, was ihrer Zeit geschehen, was haben sie denn selbst davon mit angesehen, mit angehört? und auch das eigene Sehen und Hören fasst doch nur einen Theil, eine Seite, eine Richtung der Geschehnisse auf u. s. w.

Der methodische Charakter dieser beiden Arten von Materialien ist so ausserordentlich verschieden, dass man wohl thut, ihn auch in der technischen Bezeichnung zu unterscheiden; und es empfiehlt sich, diejenigen, die Quellen sein wollen, auch Quellen zu nennen, wenn sie auch in anderer Hinsicht gleich den Anderen Ueberreste sind, literarische Ueberreste der Zeit, in der sie entstanden.

Die jetzt übliche Methode oder Technik der historischen Forschung hat sich aus dem Studium solcher Zeiten entwickelt, aus denen wenigstens für die politische Geschichte nichts oder wenig mehr als derartige Auffassungen von mehr oder minder gleichzeitigen Darstellern vorliegen. Vieles, wonach wir fragen und forschen möchten, ist da gar nicht aufgefasst worden; auf die Frage, wie unsere Kaiser bei ihren Romfahrten Tausende von Menschen und Pferden, wenn sie über die Alpen stiegen, dort verpflegten, auf die Frage, wie sich nach der Revolution, die Alexander der Grosse über Asien gebracht hat, der Handel des Mittelmeers gestaltete, geben uns die Quellen keine Auskunft.

Wie oberflächlich, wie unzuverlässig unsere Kunde von früherer Zeit, wie mit Nothwendigkeit lückenhaft und auf einzelne Punkte beschränkt die Anschauung ist, die wir von derselben noch gewinnen können, werden wir inne, wenn unser Studium uns zu Zeiten führt, aus welchen die Archive mehr als blosse „Urkunden" von abgeschlossenen Rechtsgeschäften, aus welchen sie gesandtschaftliche Berichte, Berichte der Behörden, Geschäftsacten aller Art darbieten. Und weiter, wie lebhaft tritt da der Unterschied zwischen den „Auffassungen" der fremden Gesandten oder der heimischen Behörden und den „Ueberresten" aus dem geschäftlichen Verlauf, aus den Erwägungen her und hin, aus den Protokollen der Verhandlungen u. s. w. hervor. Freilich diese Geschäftsacten bieten in der Regel nicht, wie jene Relationen, eine schon geformte Auffassung, ein erstes historisches Bild dessen, was soeben geschehen ist; aber sie sind Ueberreste dessen, was da geschehen ist, sie sind das, was von dem Geschäft und aus seinem Verlauf noch unmittelbar vorliegt. Und als Geschäft — wenn ich den Ausdruck in so weitem Umfang brauchen darf — in dem breiten und tausendfach bedingten und bedingenden Nebeneinander der Gegenwart vollziehen sich die Dinge, die wir nachmals nach ihrem Nacheinander als Geschichte auffassen, — also in ganz anderer Richtung auffassen, als die war, in der sie sich vollzogen, und die sie in dem Wollen und Thun derer hatten, durch welche sie sich vollzogen. So dass es nicht paradox ist zu fragen, wie aus den Geschäften Geschichte wird, und was mit dieser Uebertragung gleichsam in ein anderes Medium theils hinzugethan wird, theils verloren geht.

Zum Schluss mag es gestattet sein, noch einen Punkt zu berühren. Ich habe an einer andern Stelle den Anspruch zurückzuweisen versucht, der an unsere Wissenschaft von Seiten derer gemacht wird, denen die naturwissenschaftliche Methode die einzig wissenschaftliche ist, und welche meinen, durch die Anwendung derselben müsse die Geschichte zum Rang einer Wissenschaft erhoben werden.

Gleich als ob in dem Bereich des geschichtlichen, d. h. sittlichen Lebens nur die Analogie der Beachtung würdig sei, nicht auch die Anomalie, das Individuelle, der freie Wille, die Verantwortlichkeit, der Genius; als ob es nicht eine wissenschaftliche Aufgabe sei, für die Bewegungen und Wirkungen der menschlichen Freiheit, der persönlichen Eigenartigkeit, wie gross oder klein man sie denn anschlagen mag, Wege der Erforschung, der Verificirung, des Verständnisses zu suchen.

Denn allerdings haben wir von menschlichen Dingen, von jedem Ausdruck und Abdruck menschlichen Dichtens und Trachtens, der uns wahrnehmbar wird, und soweit er wahrnehmbar ist, unmittelbar und in subjectiver Gewissheit ein Verständniss. Aber es gilt Methoden zu finden, um für dies unmittelbare und subjective Auffassen — zumal da von Vergangenem uns nur noch Auffassungen Anderer oder Fragmente dessen, was einst war, vorliegen — objective Maasse und Controlen zu gewinnen, es damit zu begründen, zu berichtigen, zu vertiefen. Denn nur das scheint der Sinn der vielgenannten historischen Objectivität sein zu können.

Methoden gilt es zu finden. Es bedarf deren andere für andere Aufgaben, und oft zur Lösung Einer Aufgabe einer Combination von mehreren derselben. So lange man glaubte, dass „die Geschichte" wesentlich die politische Geschichte sei, und dass des Historikers Aufgabe sei, was von Revolutionen, Kriegen, Staatsactionen u. s. w. überliefert ist, in neuer Auffassung und Zusammenstellung nachzuerzählen, mochte es genügen, aus den besten, vielleicht auch den kritisch nachgewiesenen besten Quellen das Material zu nehmen, das zu einem Buch, einem Vortrag oder dergleichen verarbeitet werden sollte. Seit die Einsicht erwacht ist, dass man auch die Künste, die Rechtsbildungen, jedes menschliche Schaffen, alle Gestaltungen der sittlichen Welt historisch erforschen kann, erforschen muss, um das, was ist, zu verstehen aus dem, wie es geworden ist — seitdem treten Forderungen sehr anderer Art an unsere Wissenschaft heran. Sie hat Gestaltungen nach ihrem historischen Zusammenhang zu erforschen, von denen vielleicht nur einzelne Ueberreste vorhanden sind, Felder zu erschliessen, die bis dahin nicht, am wenigsten von denen, die mitten in ihnen lebten, als historisch beachtet und aufgefasst sind. Von allen Seiten drängen sich ihr da Fragen auf, Fragen nach Dingen, die zum grossen Theil ungleich wichtiger sind, als die oft sehr äusserlichen und zufälligen Nachrichten, welche bisher für Geschichte gegolten haben. Soll da die Forschung das Gewehr strecken?

Wir haben wohl, wenn wir in eine Sammlung Aegyptischer Alterthümer treten, den besonderen Eindruck, die subjective Anschauung dieses wunderlichen Alterthums; aber wenigstens in der einen und anderen Richtung können wir forschend zu positiveren Ergebnissen kommen. Da sind diese Syenite, behauen, polirt; da sind diese Farben, diese Gewebe; welcher Werkzeuge, welcher Metalle bedurfte es, so harten Stein zu verarbeiten, welcher mechanischen Constructionen, solche Massen aus dem Felsen zu heben, auf die Barke zu schaffen? wie wurden chemisch diese Farben bereitet? aus welchen Stoffen sind diese Gewebe und woher kamen sie? Auf dem Wege solcher technologischen Interpretation der Ueberreste ergeben sich Thatsachen, welche die dürftige Ueberlieferung über das alte Aegypten nach vielen und bedeutenden Richtungen hin ergänzen, und diese Thatsachen ergeben sich mit einer Sicherheit, die um so grösser ist, je weniger direct sie gewonnen wurden.

Vielen erscheint es kritisch, etwa von der Verfassung des alten Rom, Athens vor den Perserkriegen nur das gelten zu lassen, was ausdrücklich überliefert und bezeugt ist. Aber die Phantasie des Lesers wird nicht unterlassen, diese dürftigen Notizen unter sich zu verbinden und sie so zu einem Bild zu ergänzen; nur dass diese Ergänzung ein Spiel der Phantasie, dies Bild ein willkürliches oder unwillkürliches ist. Ist es nicht möglich, Methoden zu finden, die das Verfahren der Ergänzung regeln und begründen? In der **pragmatischen** Natur derartiger Dinge, — denn des Polybius Ausdruck pragmatisch sollte man aufhören zu missachten, — liegen Momente, Bedingungen, Nothwendigkeiten, deren Spuren sich, wenn man schärfer hinsieht, vielleicht in Dem wiedererkennen lassen, was uns noch vorliegt; und die hypothetische Linie, die uns jene pragmatische Natur der Dinge zeichnen liess, bestätigt sich dann, indem sich dies oder jenes Bruchstück in diese Linie genau einfügt.

Als es galt, die Kunstgeschichte der Zeit Raphaels und Dürers zu erarbeiten, da war mit den „Quellen" und der Quellenkritik nicht weit zu kommen, wenn man auch in Vasari u. A. wenigstens für die Italienischen Meister ganz erwünschte äusserliche Nachrichten fand; in ihren und ihrer Deutschen Zeitgenossen Werken lag ein ganz anderes, das eigentliche Material der Forschung vor; ein Material freilich, mit dem ins Reine zu kommen der Forscher ein Rüstzeug besonderer Art brauchte; er musste die Technik des Malens kennen, um die der verschiedenen Maler, ihre Tonfarbe, ihr Helldunkel, ihren Pinselstrich zu unterscheiden; er musste feststellen, wie in Albrecht Dürers Auge sich die menschliche Gestalt darstellte, um nachweisen zu können, ob jenes Kruzifix von seiner Hand ist; er musste einen so zu sagen gelehrten Apparat von Radirungen, Handzeichnungen u. s. w. herbeiziehen, um endlich zu entscheiden, ob jener bedeutende Portraitkopf von Leonardo da Vinci oder von Holbein ist; er musste die Anschauungsweise jener Zeit, den Bereich ihrer allgemeinen Kenntniss, ihre kirchliche und profane Gemeinüberzeugung, ihre lokale und Tagesgeschichte gegenwärtig haben, um Das, was in den Kunstwerken dargestellt, was etwa in Nebendingen angedeutet ist, richtig deuten, die tiefere oder flachere Auffassung oder Intention nicht bloss ästhetisch empfinden, sondern überzeugend nachweisen zu können u. s. w.

Wie hier, so überall. Nur die tiefe und vielseitig technische und Sachkenntniss, je nachdem es die Kunst, das Recht, den Handel, das Agrarwesen, oder auch den Staat und die Politik geschichtlich zu erforschen gilt, wird den Forschenden in den Stand setzen, die für den gegebenen Fall geforderten Methoden zu finden und mit ihnen zu arbeiten; eben so wie in den Naturwissenschaften immer neue Methoden gefunden werden, um der stummen Natur ihre Geheimnisse zu entlocken.

Alle solche Methoden, die in dem Bereich der historischen Studien in Anwendung kommen, bewegen sich innerhalb derselben Peripherie, haben denselben bestimmenden Mittelpunkt. Sie in ihrem gemeinsamen Gedanken zusammenzufassen, ihr System, ihre Theorie zu entwickeln und so, nicht die Gesetze der Geschichte, wohl aber die Gesetze des historischen Forschens und Wissens festzustellen, das ist die Aufgabe der Historik.